Liebe Leserinnen, liebe Leser!

Malta ist schön, aber steinig. Malta ist britisch geprägt, aber auch italienisch beeinflusst. Die Mittelmeerinsel ist klein, kann es aber verkehrstechnisch mit jeder Großstadt aufnehmen. Es ist eine Ferieninsel, doch die meisten Hotels befinden sich in städtischem Umfeld. Malta hat idyllische Fischerhäfen, doch moderne Containerterminals sind in Sichtweite. Erhebliche Gegensätze prägen das Bild.

Einmalige Kulturschätze

Vor allem für Naturliebhaber ist Malta daher gewöhnungsbedürftig. Doch die Insel kann mit anderen Schätzen punkten. Eine erste Hochkultur erlebte Malta bereits in der Jungsteinzeit, ab 4500 v. Chr. entstanden hier gewaltige Megalithbauten, die als früheste Großsteinbauten der Welt gelten und von denen heute noch eindrucksvolle Reste erhalten sind. Eine erneute Blüte kündigte sich an, als sich die Johanniterritter 1530 auf der Felseninsel niederließen. Valletta wuchs binnen weniger Jahrzehnte zu einer herrlichen Barockstadt heran. An die glorreichen Zeiten wollte man wieder anknüpfen, in den letzten Jahren putzte sich Valletta prächtig heraus: Malta übernahm 2017 den Ratsvorsitz in der EU, Regierungschefs und Fernsehteams aus allen 27 Mitgliedsstaaten kamen auf die Insel. Das Kulturhauptstadtjahr 2018 feierte man mit mehr als 400 Events in Valletta und auf ganz Malta.

Gozo ist anders

Von all dem profitiert die kleine Nachbarinsel Gozo nur am Rande. Hier nimmt das Leben noch einen gemächlichen Verlauf. Hier gehen die Siedlungen nicht nahtlos ineinander über, hier kann man noch zwischen Wiesen und Feldern wandern, ohne einem Menschen zu begegnen. Auf Gozo hat man sich einem sanften Tourismus verschrieben. Am besten wohnt man in einem Razzett, einem zu einer komfortablen Ferienunterkunft umgebauten Landhaus. Mehr darüber und wo Sie die hübschen Häuschen mieten können, verrät Ihnen unser Autor Klaus Bötig im DuMont Thema auf S. 108f.
Herzlich

Ihre
Birgit Borowski

Birgit Borowski
Programmleiterin DuMont Bildatlas

»Wir wollen eine Brücke zwischen Malta und dem übrigen Europa schlagen … .«

Dr. Karsten Xuereb
Direktor der Valletta 2018 Foundation

Die Bilder des Leipziger Fotografen ***Tom Schulze*** *zeigen Malta in seiner ganzen Vielfalt. Ihn zieht es sehr in den Süden: Für den DuMont Bildatlas hat er auch die Bände Südafrika und Namibia fotografiert.*

Der Bremer Reisejournalist ***Klaus Bötig*** *reist schon seit 1980 mindestens einmal jährlich zu Recherchen nach Malta und Gozo und hat mehrere Reiseführer über die Inseln verfasst.*

96 Maltas Nachbarinseln – das grüne Gozo (Bild) und das winzige Comino – sind immer einen Besuch wert.

60 Maltas Mitte bietet Abwechslung: im Landesinneren die alte Inselhauptstadt Mdina, am Meer die steil aufragenden Dingli Cliffs.

38 Von 1530 an hatte der Johanniterorden seinen Sitz auf Malta. Wie kam es, dass es die Ritter hierher verschlug?

72 Sogar frühchristliche Katakomben dienten im Weiten Weltkrieg als Rückzugsorte vor deutschen und italienischen Bomben.

Mdina und Zentral-Malta

Sliema, St. Paul's und der Inselnorden

Gozo und Comino

Anhang

DuMont Aktiv

Genießen Erleben Erfahren

Mare Tirreno
Isola di Ustica
Isole Eolie o Lipari
Isola Stromboli
Isola Alicudi
Isola Filicudi
Isola Salina
I. Panarea
Isola Lipari
Isola Vulcano
Capo Vaticano
Tropea
Pizzo
Soverato
Golfo di Squillace
Serra San Bruno
Stilo
Calabria
Monasterace Marina
Gioia Tauro
Cittanova
Gerace
Locri
P. Naz. d.Asp.
REGGIO DI CALABRIA
Melito di Porto Salvo
MESSINA
Milazzo
PALERMO
Termini Imerese
Cefalù
Capo San Vito
Trapani
Favignana
Isole Egadi
Marsala
Mazara del Vallo
Segesta
Alcamo
Corleone
Castelvetrano
Selinunte
Sciacca
Eraclea Minoa
Ribera
Agrigento
Caltanissetta
Enna
Nicosia
Paternò
Randazzo
Taormina
Giarre
Acireale
CATANIA
M. Etna
Lentini
Augusta
SIRACUSA
Caltagirone
Piazza Armerina
Vizzini
Palazzolo Acreide
Ragusa
Modica
Vittoria
Gela
Licata
Noto
Golfo di Noto
Ispica
Pachino
Capo delle Correnti
Sicilia
Mare Ionio
Ionio Pelagos
Canale di Sicilia
Canal de Tunis
Pantelleria
Tracino
Isola di Pantelleria
MEDITERRANEAN SEA
MALTA
Gozo/ Ghawdex
Victoria (Rabat)
Ġgantija
Valletta
Rabat
Hal Saflieni
Żurrieq
Malta
Isola di Linosa
(It.)
Isole Pelagie
Isola di Lampedusa
Lampedusa
Isola di Lampione
BIZERTE
Menzel Bourguiba
Utica
Mateur
ARIANA
La Marsa
Carthage
TUNIS
Manouba
Hammam-Lif
Grombalia
Oudna
Zaghouan
Parc national des îles de Zembra et Zembretta
Île Zembra
Golfe de Tunis
Cap Bon
El-Haouaria
Kerkouane
Kelibia
Menzel Temime
Nabeul
Hammamet
Golfe de Hammamet
Enfidha
El Fahs
El Kataoui
SOUSSE
Monastir
KAIROUAN
M'saken
Moknine
Mahdia
Ksour Essaf
Chebba
Rass Kaboudia
El Jem
Amphithéâtre
Sidi El-Hani
Si. Amor Bou Hajla
Jebiniana
Menzel Chaker
SFAX
Îles Kerkenah
Er-Remla
Sidi Youssef
Bir Ali Ben Khelifa
Mahres
TŪNIS
Maßstab 1:3.500.000
0
70 km

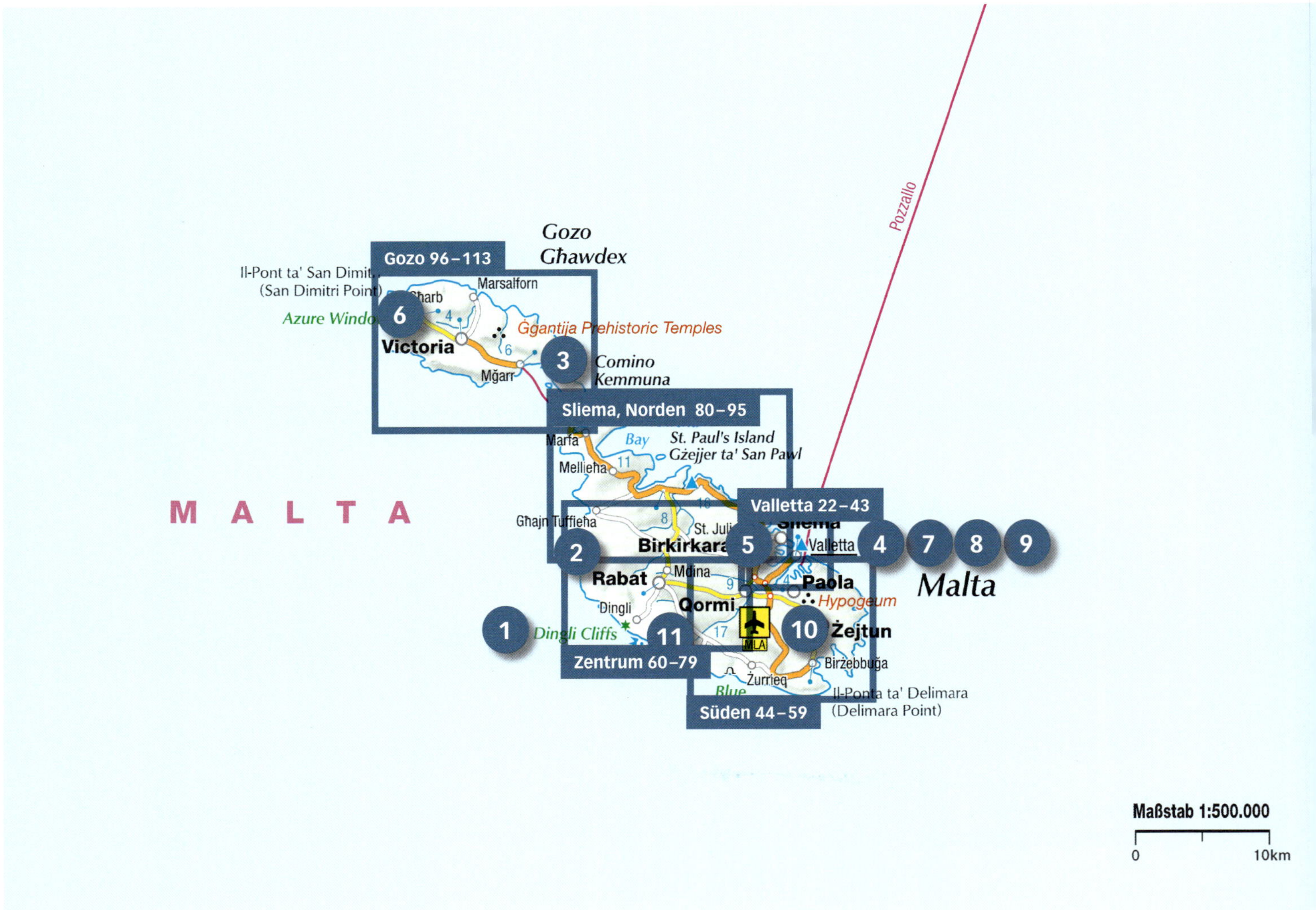

Gozo Għawdex
Gozo 96–113
Il-Pont ta' San Dimitri (San Dimitri Point)
Azure Window
Għarb
Marsalforn
Victoria
Ġgantija Prehistoric Temples
Mġarr
Comino Kemmuna
Sliema, Norden 80–95
Marfa
Mellieħa
St. Paul's Island Gżejjer ta' San Pawl
Bay
Pozzallo
Valletta 22–43
Sliema
Valletta
St. Julian's
Għajn Tuffieħa
Birkirkara
Rabat
Mdina
Paola
Hypogeum
Malta
Dingli
Qormi
Dingli Cliffs
Żejtun
Zentrum 60–79
Birżebbuġa
Żurrieq
Blue Grotto
Il-Ponta ta' Delimara (Delimara Point)
Süden 44–59
MALTA
1
2
3
4
5
6
7
8
9
10
11
Maßstab 1:500.000
0
10 km

Topziele

Die bedeutendsten Sehenswürdigkeiten von Malta, Gozo und Comino und Erlebnisse, die Sie nicht versäumen sollten, haben wir auf dieser Seite für Sie zusammengestellt. Auf den Infoseiten ist das jeweilige Highlight als **TOPZIEL** *gekennzeichnet.*

NATUR

1 Dingli Cliffs: Steilküsten, grüne Felder, ein originelles Restaurant und einen fantastischen Meerblick genießen Sie hier. **Seite 78**

2 Ghajn Tuffieha: Der Sandstrand, den man nur zu Fuß oder per Boot erreicht, ist noch völlig unverbaut. **Seite 94**

3 Blaue Lagune, Comino: Das Wasser in dieser Bucht, in der sich oft viele Boote tummeln, schimmert in allen Blau- und Grüntönen. **Seite 113**

ERLEBEN

4 Grand Harbour: Bei einer Hafenrundfahrt mit dem Schiff wird die Mächtigkeit der Mauern Vallettas erst richtig deutlich. **Seite 42**

5 Paceville: An Sommerwochenenden verwandelt sich Paceville zum Partyzentrum des Mittelmeers. **Seite 93**

6 Dwejra Bay, Gozo: Von einem stillen See geht die Fahrt durch einen langen Felstunnel aufs offene Meer und zum Fungus Rock hinaus. **Seite 111**

KULTUR

7 Archäologisches Museum Valletta: Skulpturen und Reliefs aus den Tempeln sind die Schätze des Hauses. **Seite 41**

8 St. John's Co-Cathedral Valletta: Kein Quadratmeter Boden, Wand oder Decke blieb in der Kirche der Johanniter undekoriert. **Seite 41**

9 Großmeisterpalast Valletta: Die Prunkräume zeigen, dass der oberste Ordensritter wie ein Fürst seiner Zeit residierte. **Seite 41**

10 Hypogäum: Das unterirdische Abbild der neolithischen Tempel von Malta ist über 5000 Jahre alt. **Seite 57**

11 Hagar Qim und Mnajdra: Die eindrucksvollen Überreste der beiden Megalithtempel stehen in freier Natur mit Blick aufs Meer. **Seite 59**

Kulturhauptstadt Valletta

Valletta ist seit seiner Gründung vor über 450 Jahren eine paneuropäische Metropole. Die Ritter, die die trutzige Festungsstadt auf einer felsigen Halbinsel bauten, kamen aus vielen Ländern, Deutschland inklusive. Auch Napoleon und die Briten hinterließen später ihre Spuren. So wurde Valletta 2018 mit gutem Recht europäische Kulturhauptstadt. Trotz aller steingewordenen Geschichte ging Maltas Metropole dabei mit der Zeit und spannte den kulturellen Bogen übers Mittelmeer zum nahen Nordafrika, von wo immer mehr Neubürger Europas einströmen.

Prachtvolle Feste

Rekordverdächtig sind die Malteser bei der Zahl ihrer sommerlichen Dorffeste. Jeder Ort feiert eine Festa mit Feuerwerk und Prozessionen zu Ehren seines Schutzpatrons. Die großen Kirchenfeste werden überall aufwendig begangen, denn die meisten Malteser sind gläubige Katholiken. So sind auch die Karfreitagsprozessionen wie in Zebbug (Foto) überaus gut besuchte Spektakel.

Feine Strände

Malta ist nicht nur Stadt, auch einige schöne Sandstrände sind in der Inselrepublik vorzufinden. Gleich drei zauberhafte Buchten reihen sich beispielsweise im Nordwesten aneinander: Gnejna Bay (Foto), Ghajn Tuffieha Bay und Golden Bay. Meist werden sie von Felsen eingerahmt und sind damit ideale Schnorchelreviere. Linienbusse fahren an fast alle Strände.

(Mehr als) drei Städte

Man mag es kaum glauben: Malta ist der am dichtesten besiedelte Staat der Europäischen Union, neun von zehn Maltesern leben in einer Stadt. Urbane Keimzelle Maltas sind die Three Cities, die noch vor Valletta auf der anderen Seite des Grand Harbour entstanden. Eine davon ist Vittoriosa (Birgu), das etwas abseits der Haupttouristenströme Maltas Alltagsgesicht präsentiert – noch größtenteils ungeschminkt, aber nicht minder schön.

MSVLIFE
www.msvlife.com

Eine Prise Nostalgie

Nostalgisch stimmende Pferdekutschen kommen auch auf Malta nur noch als romantische Transportmittel für Urlauber zum Einsatz, vor allem in Mdina und Valletta (Foto). Viel zu viele private Autos sind neben der immer weiter voranschreitenden Verstädterung der Insel das größte Umweltproblem der kleinen Nation. Sie ist heute schon dichter besiedelt als das Ruhrgebiet; bei der Zahl der Motorfahrzeuge pro Einwohner liegt sie an achter Stelle der Weltrangliste. So gleicht ein Urlaub auf Malta denn vor allem einer Städtereise, gespickt mit viel Kultur und Sehenswertem.

Wilde Küsten

Die imposantesten Landschaften Maltas und seiner kleinen Schwesterinsel Gozo sind durch das Zusammenspiel von Wind, Wasser und tektonischen Verschiebungen über die Jahrtausende hinweg entstanden, darunter auch die über 250 m hohen Dingli Cliffs an der Westküste Maltas (Abb.). Besonders eindrucksvoll erlebt man sie bei Inselrundfahrten mit dem Boot. Für Maltas Tauchurlauber findet das Erlebnis auch unter Wasser seine Fortsetzung, wo viele Höhlen, Grotten, Spalten und Klüfte auf sie warten.

Wo Malta auch einmal grün ist

Auf Malta gibt es zwischen all den Bauten aus heimischem Malta-Stein nur wenige grüne Oasen, in denen Bäume Schatten spenden und Kinder spielen können. Meist sind sie recht klein, aber immer frei zugänglich und gut gepflegt. Sie werden vor allem an Wochenenden rege von Einheimischen besucht.

1 Upper Barracca Gardens

Ursprünglich fürs Lustwandeln der Ritter angelegt, ist der kleine Garten auf einer Bastion hoch über dem Grand Harbour seit Napoleons Zeiten auch fürs Volk zugänglich. Der Blick übers Wasser des Grand Harbour hinweg auf die Three Cities ist großartig, ein Kiosk mit Tischen und Stühlen stellt Erfrischungen und kleine Snacks bereit. Und ein gläserner Lift führt hier an der Stadtmauer hinunter ganz in die Nähe des Kreuzfahrt-Terminals.

Valletta, Triq Sant' Orsla, tgl. 7.00–22.00 Uhr

2 Lower Barraca Gardens

Palmen und der zierliche Bau eines griechischen Tempels zieren diesen Garten fast direkt am Grand Harbour. Der erste Lord Hochkommissar der Queen auf Malta, Sir Alexander Ball, ließ sich den Bau mit 14 dorischen Säulen als unbescheidenes Mausoleum errichten. Im Park lohnt es sich auch, etwas länger zu verschnaufen und zu warten, bis ein Schlepper einen Frachter oder ein Kreuzfahrtschiff zwischen Hafeneinfahrt und Anlegeplatz geleitet. Sie fahren ganz dicht am Park vorbei.

Valletta, Triq Il-Lvant bzw. Mediterranean Street, tgl. 7.00–22.00 Uhr

3 Argotti Gardens

Auf einer der Bastionen Florianas hatte sich ein Ritter namens Ignatius de Argote y Guzman in den 1740er-Jahren seinen Privatgarten anlegen lassen. Seine besondere Zierde sind heute riesige Kakteen. Ein Teil des Parks dient zugleich der Universität von Malta zu Studien- und Experimentierzwecken; ihn darf man nur zu bestimmten Zeiten betreten. Erholung vom Stadttrubel findet man auch in den angrenzenden, in den Bastionsmauern angelegten S. Filipo Gardens.

Floriana, The Mall, Okt.–Mitte Juni Mo.–Fr. 9.00–15.00, sonst 9.00 bis 12.00 Uhr

4 San Anton Gardens

Maltas wohl schönster Garten, der fast schon ein Park ist, liegt direkt am offiziellen Amtssitz der Staatspräsidentin. In dem residierten dereinst auch die britischen Lord Hochkommissare. Im Park warten Katzen auf Futter, schlagen Pfauen ihre Räder, sonnen sich Schildkröten in einem Teich, den Florettseidenbäume umstehen. Das SB-Restaurant The President's Kitchen Garden gleich neben dem Kräutergarten der Präsidentin ist zudem ein beliebtes Ausflugsziel maltesischer Familien und Liebespaare.

Attard, St. Anthony Street, Juni–Sept. tgl. 9.00–19.00 Uhr, sonst bis 17.00 Uhr

5 Kennedy Memorial Grove

Ursprünglich war die kleine Grünanlage nur eine von der US-Botschaft und auf Malta lebenden US-Amerikanern mitfinanzierte Erinnerungsstätte an den 1963 ermordeten US-Präsidenten John F. Kennedy. Seit ihrer Erweiterung 2015 ist sie auch eins der größten Picknickgelände der Insel. Anders als in den übrigen Parks pflanzte man hier ausschließlich heimische Bäume und ließ auch die alten Trockensteinmauern stehen, die fürs ländliche Malta so typisch sind. So führen die Spazierwege an Ölbäumen und Oleanderbüschen vorbei.

St. Paul's Bay, Buggiba, Salina Road

6 Buskett Gardens

Maltas größter und ältester Park erstreckt sich in einem engen Tal vom 1586 erbauten Verdala Palace in Richtung Meer. Er stammt noch aus frühen Ordenszeiten und diente einst den Rittern als Jagdgrund. Heute stehen hier zwischen Pinien, Palmen, Aleppokiefern, Rebstöcken und Maulbeerbäumen überwiegend Orangenbäume, die im Winter abgeerntet werden. An Wochenenden kommt man zum Picknick hierher. Alljährlich um den 29. Juni herum findet im Park zudem ein großes Lichterfest statt.

Rabat, Buskett Gardens Road

MALTA YACHT CRUISES
655 - 99494045
www.maltayachtcruises.com
TOURISTS ARE WELCOME

Kultur-hauptstadt Europas

Keine andere Stadt unseres Kontinents ist stärker befestigt als Maltas Metropole. Unfassbar hohe Mauerkränze und bis heute mit Kanonen bestückte Bastionen umgeben Valletta und ihre drei historischen Schwesterstädte rund um den Grand Harbour, den wohl besten Naturhafen des Mittelmeers. Innerhalb dieser steinernen Wälle ist in Birgu noch das Mittelalter präsent, während sich Valletta ganz dem Barock verschrieb.

Mauern, Kirchtürme und Kuppeln wie die der Karmeliterkirche prägen das Antlitz der Inselhauptstadt Valletta.

Von den Upper Barracca Gardens, einer der wenigen Parkanlagen Vallettas, schweift der Blick weit über den Grand Harbour und seine imposante Befestigungsanlage.

Von oben offenbart sich der trutzig-militärische Charakter Vallettas besonders gut. Hohe Mauern schützen die Halbinsel, die Buchten ringsum gewähren ganzen Schiffsflotten Schutz. Als strategisch herausragende britische Basis spielte Malta im Zweiten Weltkrieg eine wichtige Rolle.

Ein Ort der Ruhe: die Lower Barracca Gardens mit dem griechischen Tempel

Touristen bietet die nächtliche Stadt fröhliche Ausgehmeilen; den Flüchtlingsströmen übers Mittelmeer leuchtet sie (häufig unberechtigt) als ein Stern der Hoffnung.

Valletta ist am Reißbrett geplant worden und zu einer Barockstadt wie aus einem Guss herangewachsen.

Valletta war 2018 zusammen mit dem niederländischen Leeuwarden Europas Kulturhauptstadt. Der Titel hat ganz Malta genutzt. Die Malteser nahmen die Aufgabe ernst, den kleinsten Mitgliedsstaat der EU in bestem Licht präsentieren zu dürfen und die zusätzlichen EU-Gelder verantwortungsvoll für die Verschönerung Vallettas und seiner Vorstadt Floriana zu verwenden. Fast täglich fanden Kultur-Events statt. Künstler aus ganz Europa traten nicht nur in den Theatern Vallettas und den Opernhäusern auf der kleinen Schwesterinsel Gozo auf, sondern gingen mit Aufführungen und Ausstellungen auch auf die Dörfer, brachten europäische Kultur inklusive der von europäischen Juden, Roma und Sinti unters maltesische Volk. Das war ebenso wichtig wie die Aufmerksamkeit, die Maltas im Ausland bis dahin weithin unbekannte Kunstszene in Europa erlangte. Ein weiteres bedeutendes Anliegen der Kulturmanager war es darüber hinaus, Maltas Image als politisch unbedeutenden Inselzwerg am südlichsten Rande Europas zu korrigieren. Man wollte auf die mediterrane Dimension Europas aufmerksam machen und darauf, dass Malta schon allein durch seine Lage eine zentrale Vermittlerrolle für die Länder rund ums Mittelmeer spielen könnte. Darum wurden viele Künstler aus nordafrikanischen Staaten und den Ländern des Nahen Ostens eingeladen. Das Thema „Migration“ fand sogar in einer eigens fürs Kulturhauptstadtjahr vom Malteser Mario Sammit komponierten Oper ihren Niederschlag, in der er das Schicksal einer Flüchtlingsfamilie thematisierte.

Stadt als Gesamtkunstwerk

Kunst hat Valletta schon immer geprägt. Die Stadt ist nach dem Überraschungserfolg der Johanniterritter gegen die Osmanen 1566 quasi als großflächiges Siegesdenkmal am Reißbrett geplant worden und binnen weniger Jahrzehnte zu einer Barockstadt wie aus einem Guss herangewachsen. Militärarchitekten sorgten für die weltweit wuchtigsten aller Stadtmauern und Bastionen, Künstler schmückten den Palast des Großmeisters als Ordensfürsten, die bescheiden als Herbergen titulierten Paläste der verschiedenen Landsmannschaften des Ritterordens und Dutzende von Kirchen aus. Dazwischen entstanden im Laufe der Zeit vielgeschossige Mietshäuser und nur zur Straße hin dezente Palazzi des einheimischen Adels. Urbaner kann eine Stadt kaum sein. Deutsche und italienische Bomben richteten im Zweiten Weltkrieg zwar erhebliche Schäden an, doch Kriegslücken wurden nicht wie an-

Stolze Herrscher, kühne Ritter: 1571 wurde mit dem Bau des Großmeisterpalasts begonnen. Großmeister der Johanniter, britische Gouverneure und maltesische Präsidenten lenkten von hier aus die Geschicke der Insel. Heute flanieren Touristen durch die Prunkräume.

Dächer und Balkone laden zum Entspannen ein. Lenkt man den Blick auf die Hauptfassade des Großmeisterpalasts, fallen die Holzbalkone und die beiden barocken Portale auf. Sie öffnen sich zur Republic Street.

An- und Durchblick am Großmeisterpalast

Markiger Blick und straffe Haltung gehören dazu, wenn die Zeit der Johanniter wiederauflebt.

derswo durch simple Neubauten ersetzt, sondern durch weitgehend originalgetreue Nachbauten. So strömt das fast autofreie Valletta auch heute noch das urbane Flair einer Großstadt des 17. und 18. Jahrhunderts aus.

Dabei ist es aber keineswegs museal. Der Großmeisterpalast, Residenz des ritterlichen Inselfürsten, wurde noch bis 2015 als Parlament mitgenutzt. In einer der „Auberges“ der Landsmannschaften residiert der Ministerpräsidentin, die einen meist direkt davor parkenden Alfa Romeo als Dienstwagen fährt, in zwei anderen sind das Außenministerium und das Archäologische Nationalmuseum untergebracht. Erst 2015 musste das Tourismusministerium aus der Auberge d'Italie weichen, um dem Museum der Schönen Künste Platz zu machen, das im Rahmen der Kulturhauptstadtplanung hierher umgesiedelt wurde. Schon seit Jahrzehnten wird der mächtige Festungsbau des St. James' Cavalier als Maltas Mittelpunkt zeitgenössischer Kunst genutzt. Spätestens 2019 sollen Künstler aus aller Welt mit ihren Ateliers ins alte Schlachthaus aus der Ritterzeit einziehen.

Alles aus dem gleichen Stein

Der bisher bedeutendste Neubau unseres Jahrtausends wurde 2015 fertiggestellt: Maltas erstes eigenes Parlamentsgebäude. Es ist Teil eines Gesamtkonzepts zur Neugestaltung des Eingangsbereichs zur ummauerten Stadt, mit dessen Erstellung der italienische Stararchitekt Renzo Piano beauftragt worden war. Von einem weiten, freien Platz aus überquert der Besucher auf einer Brücke den tiefen Wallgraben. An deren Ende schieben sich helle Steinplatten auf den Zugang zu, bilden die Fortsetzung des 450 Jahre alten, im Laufe der Zeiten grau und schwarz gewordenen Steins der historischen Wehr. Eines Tages werden sie farblich eins werden. Gleich nach Durchqueren dieses neuen „City Gate“ streben breite Treppen aus wiederum dem gleichen Stein nach links und rechts oben auf Mauerhöhe hinauf. Ihre Stufen sind extrem flach, sollen so an die Zeiten erinnern, als Männer in schweren Rüstungen über Vallettas Pflaster und Treppen ritten. Der sich unmittelbar anschließende Parlamentsneubau nimmt das Thema wieder auf, gibt sich fast festungsartig. Auch er wurde aus dem allgegenwärtigen „Malta Stone“ errichtet, der das Baumaterial für nahezu alle Gebäude und Mauern auf der Insel war und ist. Dieser Globigerinenkalkstein wird in Dutzenden von tiefen Steinbrüchen auf Malta und Gozo gewonnen, ist leicht zu bearbeiten und dennoch sehr tragfähig. Schon vor 5000 Jahren diente er zum Tempelbau. Für die Fassade des Parlamentsgebäudes ließ Renzo Piano die Steine in der gleichen Schichtung verbauen, in der sie im Steinbruch abgetragen wurden, holte damit ein Stück Natur in die Stadt.

Maltas Hauptstadt ist nahezu autofrei, auch Bäume und Grünflächen sind in Valletta rar.

Park mit Ausblick

Bäume und Grünflächen sind rar in Valletta. Das Meer sieht man nur, wenn man die Halbinsel, auf der die Stadt erbaut wurde, auf der Uferstraße außerhalb der Mauern umrundet. Eine Ausnahme bilden die Upper Barracca Gardens auf einer Bastion der Stadtmauer hoch über

Wie gut es sich der maltesische Adel um 1800 gehen ließ, zeigt ein Besuch in der im 16. Jahrhundert erbauten Casa Rocca Piccola.

Die berühmteste Dame der ganzen Insel, die „Sleeping Lady“, schlummert heute im Nationalmuseum für Archäologie. Gefunden im jungsteinzeitlichen Hypogäum von Hal Saflieni, stellt sie eine Priesterin dar, die im Tempelschlaf prophetische Träume empfängt – so der Versuch einer Deutung.

Außen schlicht, innen überwältigend: die St John’s Co-Cathedral in Valletta. 375 Grabplatten der Johanniter zieren ihren Boden.

dem Grand Harbour. Die kleine, mit modernen Skulpturen geschmückte Parkanlage gewährt freien Blick auf die fast vier Kilometer weit in den Inselkörper eindringende Bucht, die mit ihren vier „Creeks“ genannten Seitenbuchten ganzen Flotten sicheren Schutz vor Stürmen

Mit Galeeren zogen die Johanniter auf Kaperfahrt gegen Seeräuber und Osmanen.

bieten kann. Hier lagen von 1530 bis 1798 die Galeeren der Johanniterritter, mit denen sie auf Kaperfahrten gegen Seeräuber und Osmanen zogen, denen damals fast die gesamte nordafrikanische Küste gehörte. Hier waren während der Kolonialzeit (1814–1965) die Kriegsschiffe der britischen Mittelmeerflotte stationiert, auf halbem Wege zwischen den britischen Marinebasen in Gibraltar und auf Zypern.

Auch die Geschichte der Großen Belagerung von 1565 kann man von hier oben gut nachvollziehen. Wo heute Valletta steht, war damals nackter Fels. Nur ganz an der Spitze der Halbinsel lag ein von den Rittern besetztes Fort St. Elmo. Es bewachte die Einfahrt in den Grand Harbour. Der Orden selbst hatte seinen Sitz seit 1530 in Birgu, das nach dem Sieg in Vittoriosa umbenannt wurde, und hielt auch Senglea, heute Isla genannt. Das Fort an der Spitze der Halbinsel, auf dem Birgu steht, San Angelo, liegt den Upper Barracca Gardens genau gegenüber. Auch die Vedette auf der Spitze der Senglea-Halbinsel ist gut zu erkennen.

Die Große Belagerung

Das Fort St. Elmo trug wesentlich dazu bei, dass die im Mai 1565 mit 200 Schiffen herangebrachten Soldaten des Sultans Malta nicht erobern konnten. Die Osmanen konzentrierten sich anfangs

Auch für Digital Natives muss es nicht immer ein Selfie sein: In Valletta fertigen Straßenkünstler individuelle Erinnerungen noch auf gutem alten Papier an.

Wichtigste Einkaufsstraße von Valletta ist die Republic Street. Sie zieht sich schnurgerade vom City Gate quer durch die Innenstadt bis zum Fort St. Elmo. Blickfang sind die typischen Erker an vielen Häusern.

In der Auberge de Castille geht der Premierminister seinen Amtsgeschäften nach. Alte Kanonen säumen das prachtvolle Barockportal.

Verführerische Kuchenauswahl im Caffe Cordina, einem der ältesten Cafés von Malta

Special

Gesellschaft

Maltesische Vereinsmeier

Ohne ein oder zwei Orchester und je einen Ortsverein der beiden großen politischen Parteien kommt kein Dorf auf Malta aus.

Die Band Clubs bieten Kindern kostenlosen Musikunterricht und ziehen sich damit selbst den Nachwuchs für ihre Orchester heran. Sie proben regelmäßig im eigenen Clubhaus und haben ihren großen Auftritt am Patronatstag der Dorfkirche, wenn sie bei Prozessionen den Ton angeben. Ihre Mitglieder schmücken Kirche und Straßen, nähen Uniformen und finanzieren das Feuerwerk. Manche engagieren sich auch sonst stark für die Dorfkultur. Nicht zu überbieten sind die beiden Philharmonischen Gesellschaften von Victoria auf Gozo, die jede ein eigenes Opernhaus besitzen und ausländische Gastensembles für Auftritte engagieren. Besitzt ein Dorf zwei Band Clubs, besteht meist große Rivalität.

King's Own Band Club in Valletta

Rivalität herrscht traditionell auch zwischen den Anhängern der beiden großen politischen Parteien. Bisher lagen sie bei Parlamentswahlen immer ganz dicht beieinander. Das hat sich geändert – der Trend geht auch auf Malta eindeutig zum Wechselwähler ohne feste Parteibindung. Trotzdem spielen die Ortsvereine der Parteien noch immer eine starke Rolle im Dorfleben, denn ihnen ist fast immer ein (öffentliches) Café angeschlossen. Und da geht man nicht mit der „falschen Gesinnung" hinein.

ganz darauf, das Fort zu erobern, um Birgu dann vom Grand Harbour her angreifen zu können. Dieser Versuch kostete rund ein Viertel der Angreifer das Leben.

Erst am 23. Juni gelang es den Osmanen, Fort St. Elmo zu erobern und seine gesamte Besatzung zu töten. Inzwischen aber hatten die Ritter in Birgu und Senglea Zeit genug gehabt, sich ganz und gar auf eine Belagerung einzustellen. So konnten sie diese beiden Städte bis zum 8. September halten, als die Osmanen völlig unvermittelt nach vier Monaten vergeblichen Anstürmens die Flucht antraten. Nicht nur Malta war gerettet, sondern ganz Europas südliche Flanke, über die der Sultan seinen Machtbereich bis nach Italien und über die Alpen hinweg hätte ausdehnen können. Der Papst und die Herrscherhäuser Europas dankten es den Rittern mit großzügigen Geschenken, die die Grundlage für den Bau der neuen Hauptstadt Valletta bildeten.

Neues Leben einhauchen

Die heutigen Malteser hegen ein durchaus zwiespältiges Verhältnis zur Inselmetropole. Ihr Status und ihre Schönheit sind unbestritten. Man feiert hier große Feste wie den Karneval. Rund ums Faschingswochenende bevölkern Maskierte und Kostümierte Straßen

Von Mai bis Oktober verwandeln sich Brücke und Platz oberhalb des Victoria Gates jeden Freitag in eine Freiluftbühne. Vor der Bridge Bar wird bis tief in die Nacht gejazzt und gefeiert.

Eine angesagte Location: das Trabuxu Bistro in der South Street

Cocktailstunde in einer der vielen Bars von Valletta

Straßenmusiker sorgen für eine locker-leichte Sommerstimmung in den Gassen beim Victoria Gate.

Immer mehr kleine Stadtpaläste und -häuser werden zu Pensionen und Hotels mit historischem Flair umgebaut.

und Plätze, ziehen täglich Umzüge mit bunten Wagen durch die alten Gassen. Am Freitag vor Palmsonntag beginnt die Zeit der großen Prozessionen, die ihren Höhepunkt in der Karfreitagsprozession findet. Ansonsten aber kommt man bisher nur zum Arbeiten in den vielen Behörden und Ministerien oder zum Shoppen und Flanieren in die Republic Street, die Valletta als Scheitellinie vom City Gate bis zum Fort St. Elmo durchzieht.

Wohnen aber mochte in vorigen Jahrzehnten kaum noch jemand in der Hauptstadt mit ihren Häusern ohne Fahrstühle, veralteten sanitären Installationen und viel zu wenig Parkplätzen.

Die Zeiten ändern sich

In den letzten Jahren ist jedoch eine Wandlung eingetreten, auch dank der Ernennung zur Kulturhauptstadt 2018. Immer mehr kleine Stadtpaläste und -häuser werden zu sehr individuellen Pensionen und Hotels mit historischem Flair, die sich dank Internet bestens vermarkten lassen. Künstler fühlen sich vom Wohnen in den alten Gemäuern inspiriert, eine wachsende Zahl niveauvoller Wein- und Cocktailbars macht Valletta seit ein paar Jahren auch abends für jüngere Leute attraktiv. Fanclubs von Fußballvereinen wie den Tottenham Hotspurs oder dem Valletta FC haben hier ihre Vereinslokale angesiedelt. Die

„Festas" zu Ehren der Kirchenheiligen mit oft stundenlangen Prozessionen sind in Malta fast an der Tagesordnung. Hier der Umzug in Vittoriosa am Ostersonntag.

Musik gehört zur Osterprozession in Vittoriosa und anderswo stets dazu.

Nach der Großen Belagerung benannten die Johanniter Birgu in Vittoriosa – die Siegreiche – um. Besonders fotogen: die Vittoriosa Waterfront mit dem Maritime Museum.

Wie Vittoriosa gehört auch Senglea zu den „Three Cities", Siedlungen, die schon vor der Gründung von Valletta an der Ostseite des Grand Harbour bestanden.

Strait Street, in britischer Kolonialzeit so etwas wie die Hamburger Reeperbahn für britische Seeleute, erstrahlt durch die Ansiedlung vieler kleiner Bars, Bistros und moderner Restaurants auf „anständige" Art wieder in neuem Glanz. Und auch die zuvor arg vernachlässigte Markthalle an der Merchant Street, Is-Suq tal-Belt, wurde frisch herausgeputzt, innen völlig neu gestaltet und zu einer kosmopolitischen „Food Plaza" mit „Street Kitchen" entwickelt.

Hinter dicken Mauern

Wie gut es sich hinter den meist unscheinbaren Mauern der Stadthäuser Vallettas oder Birgus lebt, kann der Fremde am besten erleben, wenn er sich dort in eines der neuen, kleinen Hotels

Hinter den dicken und unscheinbaren Mauern wohnt es sich überraschend gut.

einquartiert. In den Palazzo San Pawl zum Beispiel: Norman Shaw und sein maltesischer Lebenspartner haben diesen kleinen Adelssitz aus dem 17. Jahrhundert zu einem Hotel mit nur vier sehr geräumigen, mit antiken Möbeln eingerichteten Apartments umgewandelt. Von der Straße her wirkt es wie ein „Reihenhaus" unter vielen. Doch gleich beim Betreten überrascht es mit einem zweistöckigen, schattig-grünen Atrium. Außenwelt und Straßengeräusche bleiben draußen, die Familie war hier einst ganz unter sich. Alte Steintreppen führen ins erste Obergeschoss mit umlaufender Galerie, auf dem flachen Dach stehen Liegestühle und ein Grill für alle.

Wer nicht das Glück hat, in solch einem Palazzo zu nächtigen, kann sich die öffentlich zugängliche Casa Rocca Piccola aus dem 16. Jahrhundert anschauen, deren 50 stilvoll möblierte Räume noch immer von einer maltesischen Adelsfamilie bewohnt wird.

Marsa ist für seine Pferderennen berühmt, die auf dem Marsa Race Course ausgetragen werden.
Pferdepflege im Hafen von Kalkara, einem Dörfchen bei Vittoriosa.

Zu den Band Clubs gehört stets auch ein öffentliches Café, wie hier im „La Valette Band Club".

Der Aussichtspunkt „Vedette" in Senglea/Isla bietet einen der schönsten Blicke auf den Grand Harbour und Valletta.

Beste Aussichten auf die heutige Pracht Maltas bietet Senglea, beste Einblicke in seine Vorgeschichte die Auberge du Provence.

Ein Blick zurück

Die einzige der ritterzeitlichen Auberges, die schon lange öffentlich zugänglich ist, birgt Maltas älteste und bedeutendste Kunstschätze: Die Auberge de Provence, zwischen 1571 und 1576 als Herberge der Ritter aus der Provence erbaut, wird seit 1960 als Archäologisches Nationalmuseum genutzt. Anschauliche Modelle ermöglichen einen Blick in die neolithischen Tempel Maltas und Gozos aus der Vogelperspektive, mit Reliefs überzogene Altäre und Steinplatten zeugen von der Kunstfertigkeit der Steinmetze vor über 5000 Jahren.

Grandios ist die Darstellung einer Tierprozession mit Ziegen, Schafen und Schweinen und das Relief einer ihre Ferkel säugenden Sau. Besonders reizvoll, weil von ewig währender Schönheit, sind zwei kleine, nur zwölf bzw. 13 Zentimeter lange Figurinen, die „Venus von Hagar Qim" und die „Schlafende Priesterin" (Abb. S. 28). Ihre unnatürlich breitbeckige Körperform stellt sie zwar in Zusammenhang mit dem zentralen Fruchtbarkeitskult der Jungsteinzeit, doch ihr Gesichtsausdruck und ihre anmutige Schlafhaltung geben ihnen einen ganz lieblich-menschlichen Ausdruck, der sie zeitlos erscheinen lässt. Man kann sie mit Fug und Recht zu den schönsten Kunstwerken des frühen Europas rechnen.

JOHANNITER

Von Jerusalem nach Malta

500 Jahre lang zählten die Großmeister des Johanniterordens zu den bedeutendsten Fürsten des Abendlands. Sie geboten nur über kleine Reiche, waren aber als Schwert und Schild Europas gegen die Eroberungsgelüste des osmanischen Sultans unentbehrlich. Einen Namen machten sie sich auch mit ihren modernen Hospitälern.

Zur Keimzelle des Ordens wurde, salopp gesagt, die Idee eines Reisebüros im süditalienischen Amalfi. Dessen Kaufleute wurden so reich wie die von Pisa, Genua und Venedig, weil sie neben Fracht vor allem Pilger ins Heilige Land transportierten. Um denen mehr als eine reine Passage bieten zu können, gründeten sie um 1080 in Jerusalem ein Hospiz, in dem ihre Fahrgäste auch nächtigen, sich verpflegen und medizinisch betreut werden konnten. Als Betreiber gewann man Benediktiner-Mönche, die das Hospiz unter den Schutz Johannes des Täufers stellten.

In Fort Elmo werden Szenen aus der Zeit der Johanniter nachgestellt – natürlich tragen die Schauspieler dabei historische Gewänder.

Heilen und Kämpfen

Unter Raymond de Puy (1120–1160), der die Notwendigkeit sah, die Pilger schon auf ihrem Weg von den Seehäfen nach Jerusalem zu beschützen, entstand ein erster militärischer Arm des Ordens. Im Laufe der Jahrzehnte übernahmen die Johanniter immer mehr militärische Aufgaben im heutigen Israel, Syrien und Palästina. 1291 fiel als letzte christliche Festung Akko in die Hände der Araber. Die Johanniter verließen das Heilige Land und fanden zunächst Aufnahme auf Zypern, wo ein katholischer König regierte. 1306 eroberten sie Rhodos. Die grüne, fruchtbare Insel wurde für die Ordensritter zum Paradies auf Erden. Hier konnten sie ein bisher beispiellos großes Hospital eröffnen, in dem sie sich der Krankenpflege widmeten – und waren zugleich nahe genug am osmanischen Feind, um dessen Handelsschifffahrt empfindlich zu stören. Erbschaften und Dankesgaben, aber auch die Beute, zu der auch muslimische Sklaven gehörten, machten den Orden immer reicher. 1522 hatte diese Herrlichkeit ein Ende: Rhodos fiel in die Hände des osmanischen Sultans.

Sieben Jahre später erhielt der Orden von Kaiser Karl V. Malta als Lehen. Die Ritter richteten sich auf eine weitere Belagerung durch die Osmanen ein. Nachdem sie diese 1565 erfolgreich überstanden hatten, erwies sich die katholische Welt als dankbar – Valletta wurde mit internationaler Finanzhilfe zügig erbaut. Es entstanden das modernste und größte Hospital seiner Zeit, ein Großmeisterpalast und prächtige Herbergen für die Landsmannschaften des Ordens. Der widmete sich weiterhin den Kranken und seiner militärischen Aufgabe als „Schild Europas“, legte aber auch großen Wert auf die Zurschaustellung seines Wohlstands. Napoleon hatte er später nichts mehr entgegenzusetzen. Der kleine Korse nahm Malta 1798 kampflos ein.

Links: der große Krankensaal der Sacra Infermia, des alten Ordenshospital; oben: Bodenornament im Großmeisterpalast

Fakten

Entstehung des Johanniterordens um 1080 in Jerusalem
Hauptsitz 1306–1522 Rhodos, Orden auf Malta 1530–1798

Heute sind Johanniter und Malteser durch ihre humanitären und medizinischen Aktivitäten weit bekannt.

Generalsekretariat des Johanniterordens (protestantisch): www.johanniter.de

Souveräner Malteserorden (römisch-katholisch): www.malteser.de, www.orderofmalta.int

VALLETTA
Maßstab 1:8.800
0
100m
MANOEL ISLAND
Fort Manoel
Royal Malta Yacht Club
Marsamxett Harbour
Grand Harbour
St. Elmo Bay
VITTORIOSA
FLORIANA
Ferry Sliema-Valletta
Harbour Cruise
Water Polo Pitch
German Curtain
St. Sebastian Bastion
English Curtain
Jew's Gate
French Curtain
St. Gregory Bastion
St. Gregory Curtain
Ball's Bastion
Breakwater Bri
Abercrombie's Bastion
Fort St. Elmo
Abercrombie's Curtain
Nat. War Museum
St. Elmo Place
St. Lazarus Bastion
Malta Experience
The Holy Infirmary
St. Lazarus Curtain
Lower Barracca Gardens
Siege Bell Memorial
Castille Curtain
Fish Market
St. Barbara Bastion
Victoria Gate
Our Lady of Liesse
Lascaris Bastion
Lascaris War Rooms
Custom's House
Upper Barracca Gardens
St. Peter and Paul's Bastion
Mistrah Kastilja Castille Place
Auberge de Castille
St. James Cavalier
St. James Bastion
St.James Counterguard
Triton Fountain
Bus-Terminus
Hotel Le Meridien Phoenicia
The Mall
Independence Arena
Independence Monument
New Market
Vincenzo Library
Msida Bastion
Hotel Grand Excelsior
St. John's Counterguard
St. John's Bastion
St. John's Cavalier
St. John's Garden
Hastings
St. Michael's Counterguard
St. Michael's Bastion
St. Andrew's Bastion
Misrah Preti Mattia Preti Square
St. Salvatore Bastion
St. Paul's Cathedral
Auberge de Baviere
N.S. del Pilar
Auberge d'Aragon
Archbishop's Palace
Our Lady of Mount Carmel
Manoel Theatre
Main Guard
Palace Square
Grand Master's Palace
Armoury
Misrah Ir-Repubblika Republic Square
Misrah L-Assedju Great Siege Square
National Library
Old University
Market
Hostel de Verdelin
Toy Mus.
Casa Rocca Piccola
Archaeology Mus.
St. Francis
Ferraria Freedom Square
New Parliam. Bldg.
Open Air Theatre
St. Barbara
St. Catherine
Auberge d'Italie
Parisio Palace
Our Lady of Victories
Castellania Palace
Mlsrah San Gwann St. John's Square
Malta Crafts Centre
St. James
St. John's
St. Paul's Shipwreck
The Sacred Island
Sir Paul Boffa Hospital
Triq Marsamxett
Triq San Bastjan
Triq Mediterranean St.
Triq L-Assedju L-Kbir
Hannibal P. Scicluna Road
Vial Nelson Road
Triq Girolamo Cassar
Gerolamo Cassar Avenue
Ix-Xatt Ta' Lascaris
Lascaris Wharf
Ix-Xatt Il-Barriera Barriera Wharf
Triq Sant' Anna
Triq Britanija
Triq Sarria
Sarria St.
Pjazza San Publiju
St. Publius
Maglio Gardens
Triq V. Bugeja
Konservatorju
Republic St.
Merchants
Old Bakery
West Street
San Gorg
Mint Street
Old Theatre Street
Old Bakery St.
St. Ursula Street
St. Paul St.
St. Domenic St.
East Street
St. Christopher
Triq Il-Lvant
Triq St. Barbara
Triq Sant' Orsla
Old Hospital St.
Triq It-Tramuntana
Triq San Nikola St. Nicholas Street
Dimech
Triq Ir-Re Dwardu VII
Triq L-Ordinanza
Triq Nofs-In-Nhar South St.
Triq Melita
Triq Iz-Zekka
Triq San Mark
St. Mark St.
Triq San Patrizju St. Patrick St.
Triq L-Ifran
Triq Id-Dejqa
Triq Ir-Repubblika
Triq Il-Merkanti
Triq Zekka
Vial Ir-Re
Triq San Gwann
Triq L-Arcisqof
Triq It-Teatru l-Qadim
Triq San Kristofru
1
2
3
4
5
6
7
8
9
10
11
12
13
14
15
16
17

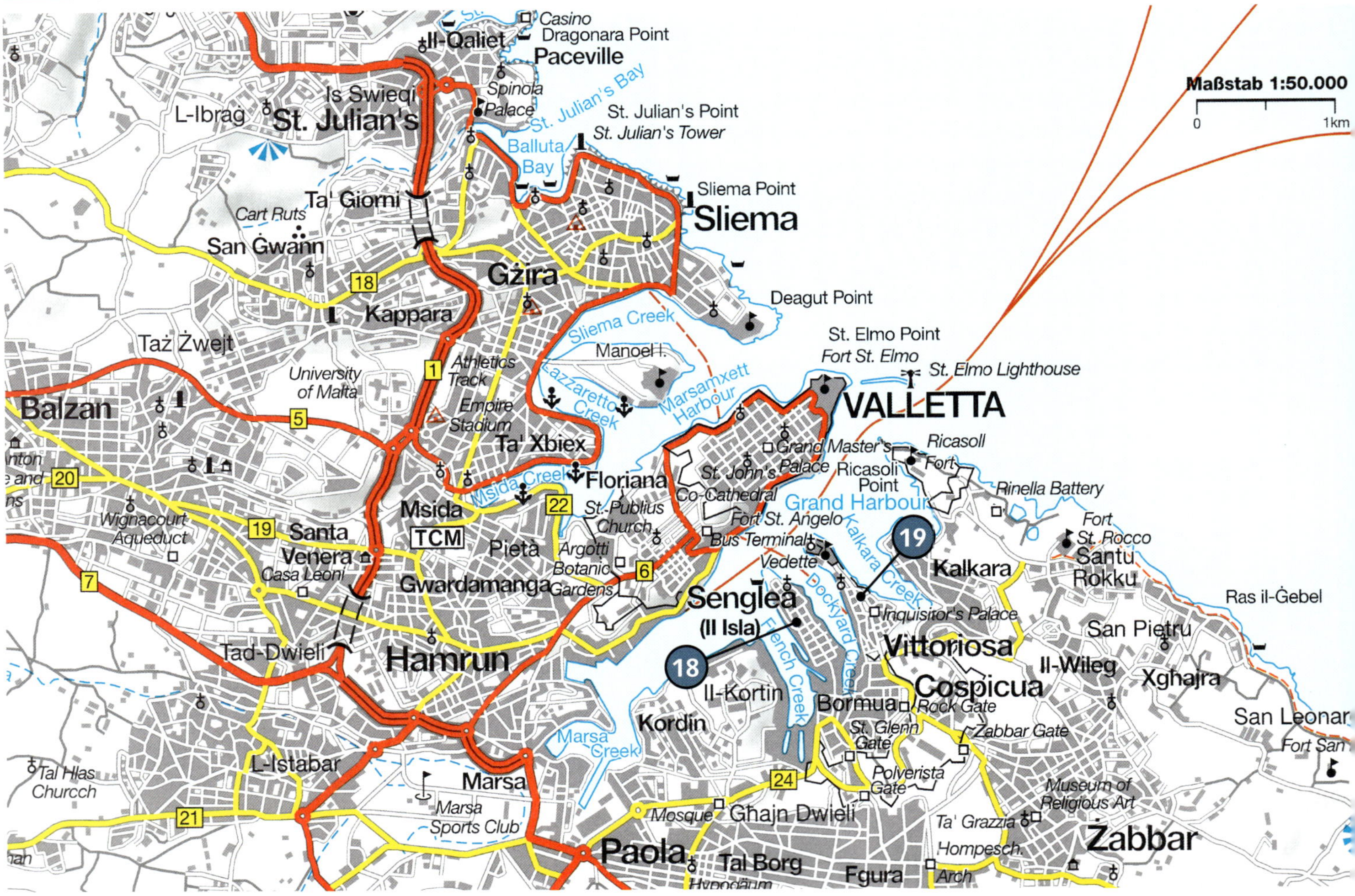
Maßstab 1:50.000
0
1km
Casino
Dragonara Point
Il-Qaliet
Paceville
Spinola Palace
St. Julian's Bay
St. Julian's Point
St. Julian's Tower
L-Ibrag
Is Swieqi
St. Julian's
Balluta Bay
Sliema Point
Sliema
Ta' Giorni
Cart Ruts
San Ġwann
Gżira
Kappara
Deagut Point
Sliema Creek
Taż Żwejt
Manoel I.
University of Malta
Athletics Track
Empire Stadium
Lazzaretto Creek
Marsamxett Harbour
St. Elmo Point
Fort St. Elmo
St. Elmo Lighthouse
VALLETTA
Balzan
Ta' Xbiex
Grand Master's Palace
Ricasoll
St. John's Co-Cathedral
Ricasoli Point
Fort
Rinella Battery
Floriana
Msida Creek
Msida
St. Publius Church
Grand Harbour
Fort St. Rocco
Santu Rokku
Wignacourt Aqueduct
Santa Venera
TCM
Pietà
Argotti Botanic Gardens
Fort St. Angelo
Bus Terminal
Vedette
Kalkara Creek
Kalkara
Casa Leoni
Gwardamanga
Senglea (Il Isla)
Dockyard Creek
Inquisitor's Palace
Ras il-Ġebel
Vittoriosa
San Pietru
Tad-Dwieli
Hamrun
Il-Kortin
French Creek
Cospicua
Il-Wileg
Xgħajra
Bormua
Rock Gate
San Leonar
Fort San
Kordin
St. Glenn Gate
Zabbar Gate
Tal Hlas Churcch
L-Istabar
Marsa Creek
Marsa
Polverista Gate
Museum of Religious Art
Marsa Sports Club
Mosque
Ghajn Dwieli
Ta' Grazzia
Hompesch Arch
Żabbar
Paola
Tal Borg
Hypogäum
Fgura
1
5
6
7
18
19
20
21
22
24

Im Reich der Ritter

Keine andere europäische Stadt gleicht einer solch gewaltigen Festungskomposition wie das Ensemble aus Valletta, Floriana, Senglea und Vittoriosa. Innerhalb der Mauern Vallettas lebt eine am Reißbrett geplante Barockstadt, durch Vittoriosa weht der Geist des Mittelalters, Senglea erinnert an Süditalien.

1 – 17 Valletta

Fast alle Straßen in Valletta (5700 Einw.) führen ans Meer hinunter, ist doch die Stadt auf einer felsigen Halbinsel erbaut. Mehrstöckige Häuser, oft mit farbigen Holzerkern verziert, säumen Straßen und P ätze. Alles wirkt stattlich, vieles ist Jahrhunderte alt. Nur die Hauptachsen säumen Geschäfte, Hotels sind nur sporadisch eingestreut, die Stadt bleibt authentisch.

STADTRUNDGANG

Für einen ausgiebigen Stadtrundgang in Valletta benötigt man einen vollen Tag. Er beginnt am 1 **Tritonenbrunnen**, wo die Linienbusse ihre Fahrgäste aussteigen lassen. Durch das 2014 neu gestaltete 2 **City Gate** betritt man die Stadt. Gleich rechts steht das 2015 eröffnete **Parlamentsgebäude**, ein Werk des italienischen Stararchitekten Renzo Piano. Daran schließt das ebenfalls von ihm entworfene **Freilufttheater** in den Ruinen des 1865 erbauten und 1942 durch deutsche Bomber zerstörten Opernhauses an. Wendet man sich am Opernhaus nach rechts, gelangt man sogleich auf einen kleinen Platz mit dem Denkmal des Stadtgründers La Vallette.

An ihn grenzt die 3 **Auberge d'Italie**, einst Herberge der italienischen Ordensritter. Sie beherbergt ab 2019 das sehr innovative Nationalmuseum der **Kunst MUZA** (www.muza.heritagemalta.com). Geht man weiter, folgt links die **Auberge de Castille**, heute Amtssitz des maltesischen Ministerpräsidenten. Ihr schräg gegenüber steht die gleich nach der Stadtgründung geweihte **Kapelle Ta' Vitorja** vor dem mächtigen 4 **St. James Cavalier** (Pope Pius V. Street, tgl. 10.00–22.00 Uhr, www.sjcav.org), Maltas erste Adresse für Ausstellungen moderner Kunst. Nur wenige Schritte weiter gewinnt man von den Ende des 16. Jhs. angelegten 5 **Upper Barracca Gardens** einen grandiosen Überblick (siehe Tipp S. 42).

Zurück beim Opernhaus, wendet man sich nach rechts, um auf der Hauptachse der Stadt, der **Republic Street**, Valletta zu durchqueren. Rechts steht die Kirche 6 **Santa Barbara**, in der auch deutschsprachige Gottesdienste stattfinden. Schräg gegenüber sollte man einen Blick in den prachtvollen Clubraum des **Band Clubs La Vallette** (297 Republic Street) werfen. Unweit davon nimmt das 7 **Nationalmuseum für Archäologie** TOPZIEL (Jan./Feb. tgl. 9.00–17.00, sonst bis 18.00 Uhr) die ehemalige Auberge de Provence ein.

Auf der rechten Seite folgt die 8 **St. John's Co-Kathedrale** TOPZIEL, die 1577 fertiggestellte Hauptkirche des Johanniterordens (Mo.–Fr. 9.30–16.30, Sa. bis 12.30 Uhr, www.stjohnscocathedral.com). Die Johanniter statteten ihre Konventskirche mit kostbaren Kunstschätzen aus. Besonders sehenswert: die Grabplatten der Ritter. Der Besuchereingang liegt an der Republic Street, die Hauptfassade ist auf den St. John's Square ausgerichtet. Dem Besuchereingang gegenüber steht wie ein griechischer Tempel der klassizistische Bau des **Justice Court**, des Obersten Gerichts. Kurz darauf weitet sich die Republic Street erst zum **Republic Square** mit der 9 **Nationalbibliothek** (Mitte Juni–Sept. Mo.–Sa. 8.15–13.15, sonst Mo.–Fr. bis 17.00, Sa. bis 13.15 Uhr) und dem berühmten **Café Cordina** und dann zum Hauptplatz der Stadt, dem Palace Square. An ihn grenzt der 10 **Großmeisterpalast** TOPZIEL (tgl. 9.00–17.00 Uhr), erbaut 1571–1574, im 18. Jh. umgebaut und bis 1798 Sitz der Großmeister des Malteserordens. Vom Palace Square fällt die Republic Street zur Landspitze der Sciberras-Halbinsel ab. Im Stadtpalast 11 **Casa Rocca Piccola** (74 Republic Street,

Blick ins Nationalmuseum für Archäologie, St. Paul's Cathedral im Norden der Altstadt

Tipp

Teatru Manoel

Maltas 1731 eröffnetes Barocktheater wird noch immer bespielt. Die Zuschauer erleben im 1844 neu gestalteten, prachtvollen ovalen Saal zwischen Oktober und Mai fast täglich Theater, Opern und Konzerte. Tagsüber kann das Haus samt Theatermuseum im Rahmen von Führungen besichtigt werden.

116 Old Theatre Street
Tel. 21 24 63 89, Spielplan und Karten: www.teatrumanoel.com.mt
Führungen Mo.–Fr. 10.00–16.00 und Sa. 10.00–12.30 Uhr alle 30 Min.

www.casaroccapiccola.com, Führungen stündl. Mo.–Sa. 10.00–15.00 Uhr) kann man sehen, wie der maltesische Adel lebte. Schließlich endet die Republic Street am 12 **Fort St. Elmo** (April bis Sept. tgl. 9.00–18.00, sonst bis 17.00 Uhr), der einzigen Festung der Johanniter auf der Sciberras-Halbinsel zur Zeit der Großen Belagerung 1565. Es beherbergt heute auch das **National War Museum**.
Hier wendet man sich nach rechts zur 13 **Sacra Infermeria**, dem Ordenshospital der Ritter. Es beherbergt u. a. die Audiovisionsshow „Malta Experience" (http://themaltaexperience.com, Mo.–Fr. stündl. 11.00–16.00, Sa., So. 11.00 bis 14.00 Uhr, Juli–Sept. So. 14.00 keine Show) und die Ausstellung „The Knights Hospitallers".
Weiter geht es zu den 14 **Lower Barracca Gardens**, von denen aus das Manövrieren großer Schiffe in den Grand Harbour schön zu beobachten ist. Schließlich gelangt man durch das 15 **Victoria Gate** in das ummauerte Valletta zurück und folgt der St. John's Street zur Merchants Street.
Nun hat man drei Optionen: Nach links gehend erreicht man **Opernhaus** und 1 **Busbahnhof**. Weiter geradeaus ist schnell die Republic Street mit ihren Cafés erreicht. Überquert man diese und folgt weiter der St. John's Street, gelangt man zur 16 **Bastion St. Salvatore** mit der sehr informativen Ausstellung **The Fortress Builders** und zum **Anleger** der Fähre nach Sliema.

Tipp

Schöne Aussichten

Auf einer Bastion der Stadtmauer hoch über dem Grand Harbour liegen die Upper Baracca Gardens, die zahlreiche Bronzeskulpturen schmücken, darunter „Die Gassenjungen" des maltesischen Bildhauers Antonio Sciortino (1879 bis 1947). Der Blick über den **Grand Harbour TOPZIEL** auf die Three Cities ist grandios. Direkt unterhalb des Gartens wird auf einer Terrasse von historischen Kanonen ein Salut geschossen, nach dem die britische Marine früher ihre Schiffsuhren stellte. Ein Kiosk mit schattigem Gartencafé bietet Erfrischungen. Und ein gläserner Fahrstuhl führt an der Stadtmauer hinunter zur Uferstraße.

Caravaggios „hl. Hieronymus" in der St. John's Co-Cathedral, St. Publius in Floriana, typische Erkerhäuser in Valletta

ERLEBEN
Am Republic Square warten ständig **Fiaker** auf Gäste für eine Stadtrundfahrt. Man findet sie auch entlang der Uferstraße zwischen dem Fähranleger nach Sliema und Sacra Infermeria.

EINKAUFEN
Haupteinkaufsstraße auch für die Einheimischen ist die **Republic Street**. In ihrem unteren Abschnitt zwischen Großmeisterpalast und Fort St. Elmo haben sich mehrere Silberschmiede niedergelassen. **Straßenmarkt** ist werktags an jedem Vormittag in der Merchant Street zwischen Melita Street und der alten Markthalle, die 2018 wieder attraktiv sein soll.

HOTELS
Innerhalb der Stadtmauern kann man in Hotels und Apartments in historischen Häusern wohnen. Im **€ € € Hotel Castille** (Castille Square, Tel. 21 24 36 77, www.hotelcastillemalta.com) haben viele Zimmer die für Valletta typischen Holzerker. Zimmer mit Blick auf den Grand Harbour vermietet das **€ € Grand Harbour** (47 Battery Street, Tel. 21 23 71 97, www.grandharbourhotel.com). Als Pension empfiehlt sich das **€ Asti** (siehe Unsere Favoriten S. 114/115). Romantische Apartments in alten Stadthäusern bieten **€ € € Valletta Nobile** (San Nikola, Tel. 79 48 80 47, www.vallettanobile.com) und der **€ € € Palazzo San Pawl** (318 St. Paul, Tel. 99 42 31 10, www.livinginvalletta.com). Außerhalb der Stadtmauern, jedoch nur 200 m vom City Gate entfernt, steht das Luxushotel **€ € € € Phoenicia** (The Mall, Floriana, Tel. 22 91 19 23, www.phoeniciamalta.com), unterhalb der Stadtmauern direkt am Meer das mit Poollandschaft ausgestattete **€ € € Grand Hotel Excelsior** (Great Siege Road, Valletta, Tel. 21 25 05 20, www.excelsior.com.mt).

RESTAURANTS
Die meisten Restaurants liegen an der Republic, der Merchants und der South Street sowie an der Valletta Waterfront. Schick und leger zugleich ist das **€ € € Charles Grech Café** (10 Republic Street, Tel. 21 22 88 48) im Stil der Belle Epoque, wo das Spektrum vom „Light Lunch" und günstigen Cappuccino bis zum edlen Bordeaux reicht. Mittags serviert das **€ Soul Food** (76 Merchant Street, Tel. 21 23 43 11) Tagessuppe und Pasta sowie vegetarische und vegane italienische Küche. Wer einen Hauch von Exotik sucht, sollte das **€ € La Mere** (174 Merchant Street, Tel. 21 22 32 56) ansteuern, das maltesische, indische und nordafrikanische Gerichte zubereitet. Abends ist die **€ € Trabuxxu Wein Bar** (1 Strait Street/Ecke South Street, Tel. 21 22 30 36) so beliebt, dass Reservieren unbedingt nötig ist.

UMGEBUNG
Direkt vor dem City Gate beginnt auf der anderen Seite des runden Platzes 17 **Floriana**. Es entstand als zweiter Bastionsgürtel vor den Mauern Vallettas um 1635 und entwickelte sich im 18. Jh. zur Vorstadt. Unter dem weiten Platz vor der Kirche St. Publius (1733; Wiederaufbau nach Zerstörung im Zweiten Weltkrieg) liegen ausgedehnte Getreidespeicher aus der Ordenszeit, auf dem Platz findet alljährlich das **MTV-Festival**, größtes Open-Air-Festival auf Malta, statt. Kakteenreich sind die **Argotti Gardens** mit dem Botanischen Garten der Universität von Malta.

INFORMATION
Malta Tourist Authority,
229 Merchants Street,
Tel. 2 29 15 44 02, www.visitmalta.com

18 Senglea/Isla

Senglea (2700 Einw.) ist zwar älter als Valletta, präsentiert sich heute aber als typische Wohnstadt der Hafenarbeiter. Ihren Reiz macht die touristische Unberührtheit aus.

SEHENSWERT
Der Ort insgesamt ist das Sehenswerte. Man durchquert ihn ohnehin auf dem Weg zur Vedette an der äußersten Spitze der Halbinsel. Den winzigen Wachtposten zieren Halbreliefs zweier Augen und Ohren, die die Wachsamkeit des Ritterordens symbolisieren.

HOTELS UND RESTAURANTS
Einzige Unterkunftsmöglichkeit ist die **€ € Pension Sally Port Senglea** (siehe Unsere Favoriten S. 114/115) mit lediglich drei Zimmern und Dachterrasse mit Hafenblick.
Einen sehr schönen Blick auf Vittoriosa bietet die **€ Pizzeria Marina** (64 Triq San Pietru u San Pawl, Tel. 21 66 43 98).

19 Vittoriosa/Birgu

In Vittoriosa (2500 Einw.) residierten die Ordensritter während der Großen Belagerung 1565. Ihre Herbergen hier sind noch relativ schlicht und erinnern an das mittelalterliche Rhodos. Den Kontrapunkt zur Ritterstadt mit ihren schön geschwungenen Gassen bildet die Vittoriosa Waterfront mit Cafés und Restaurants vor einer beeindruckenden Kulisse aus Luxusyachten.

STADTRUNDGANG
Die Linienbusse halten vor der **Bastion Poste de Provence**. Von hier führt die Triq il-Mina il-Kbira in die Stadt hinein. Links liegt das an den Zweiten Weltkrieg erinnernde **Malta at War Museum** (Couvre Port, Tel. 21 89 66 17, www.maltaatwarmuseum.com, tgl. 10.00 bis 17.00 Uhr), danach folgt rechts der 1535 erbaute **Inquisitorenpalast** (Tel. 21 82 70 06, tgl. 9.00–17.00 Uhr).
Vom Hauptplatz **Misrah ir-Rebha** zweigt rechts die Gasse Triq Hilda Tabone ab. An dieser und ihren rechten Seitengassen liegen mehrere Auberges, Herbergen der ritterlichen Landsmannschaften aus der Mitte des 16. Jhs. Nach links führt vom Platz eine Gasse an der um 1690 erbauten Hauptkirche **San Lawrenz** vorbei zur Bronzegruppe des **Freedom Monument** und zur **Vittoriosa Waterfront**. Hier steht noch vor den Cafés das **Malta Maritime Museum** (Xatt il-Forn, tgl. 9.00–17.00 Uhr). Entlang der Waterfront gelangt man zum **Fort St. Angelo** an der Spitze der Halbinsel (April bis Sept. 9.00–18.00, sonst bis 17.00 Uhr).

HOTELS UND RESTAURANTS
Fernöstliche Kunst und Ritterromantik gehen in der liebevoll geführten und sehr komfortablen Pension **€ € € Locanda dal Gelsomina** (3 Triq Il-Kunsil Popolari, Tel. 21 80 79 87, www.locandadalgelsomina.com) eine harmonische Verbindung ein.
Restaurantmeile der Stadt ist die Vittoriosa Waterfront mit Cafés und Speiselokalen. Besonders stimmungsvoll speist man im **€ € Be-Birgu** (Misrah Ir-Rebha, Tel. 77 22 00 77) im kleinen Innenhof des lokalen Bandclubs. Für ein schnelles, preiswertes Mittagessen gut ist das einfache **€ Café Brazil** (1 Victory Square, Tel. 99 46 92 08) direkt am Hauptplatz. Abends kredenzt die Weinbar **€ € € Del Borgo** (Triq il-Mina il-Kbira, Tel. 21 80 37 10) Käse und Antipasti zu erlesenen Tropfen.

INFORMATION
Inquisitor's Palace,
Main Gate Street, Tel. 21 80 01 45

Genießen Erleben Erfahren

DuMont Aktiv

Auf Minikreuzfahrt

Bis vor 50 Jahren waren Maltas bunte Dghajsas (sprich: Dschai-sas) zu Hunderten im Grand Harbour unterwegs. Wie in Venedig die Gondeln, waren sie hier das Verkehrsmittel schlechthin. Nur etwa zwei Dutzend von ihnen sind heute noch unterwegs, mietbar für eine Rundfahrt. Eine Dghajsa aus dieser Miniflotte hat gar schon Queen Elizabeth II. benutzt, als sie noch als Prinzessin der British Navy auf Malta einen Besuch abstattete. Das Boot wurde vollständig restauriert und gleitet als „St. Angelo“ auf Wunsch auch mit Ihnen übers Wasser. Freilich sind die anderen Dghajsas genauso schön. Stets sind sie am Bug mit dem Horusauge verziert, das die Bootsleute vor Unheil bewahren soll.

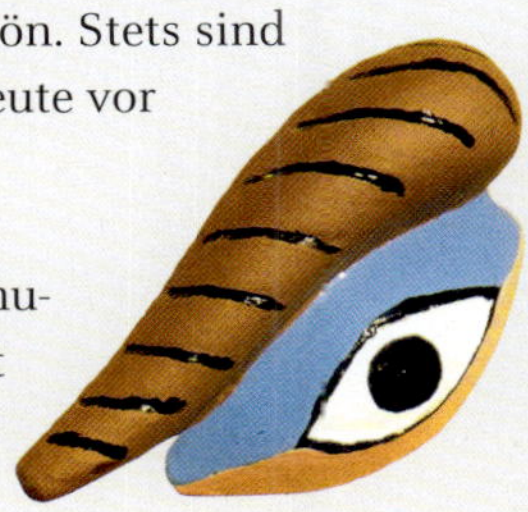

VIP-Rundfahrten dauern standardmäßig 45 Minuten. Der Bootsmann, meist ein maltesischer Rentner mit maritimer Vergangenheit, steuert sie in alle Buchten und gibt auf Englisch Erklärungen, angereichert mit einer guten Prise Humor. Zwischendurch stellt er auch einmal den Motor ab, greift zu den traditionellen Rudern oder fotografiert seine Fahrgäste. Anders als venezianische Gondoliere bringen aber die wenigsten von ihnen ihren Passagieren auch ein Ständchen. Dafür lässt der Bootsmann bei Abendrundfahrten für Paare auf Wunsch den Sektkorken knallen. Die Erlöse aus den Rundfahrten werden zum Teil dafür genutzt, weitere alte Dghjasas zu restaurieren.

Weitere Informationen

Veranstalter der Rundfahrten:
A&S Watertaxis
Tel. 99 89 31 34

Kosten: ab 10 €/Person

Spontane Buchungen sind am Kiosk des Unternehmens in Vittoriosa am Ufer direkt vor dem Freiheitsdenkmal möglich, wo auch die Boote liegen.

Auf Wunsch kann man sich in Valletta und Senglea abholen oder absetzen lassen.

Eine Tour mit einer Dhgajsa ermöglicht den Teilnehmern, die Three Cities aus einer anderen Perspektive kennenzulernen.

Zwischen Sein und Schein

Im Süden Maltas steht kein einziges großes Hotel. Ausflugsziele gibt es dennoch viele. Von der Scheinwelt Hollywoods bis zum harten Sein der Bootsflüchtlinge aus Afrika und Nahost reicht das Erlebensspektrum. Die ersten Großsteinbauten Europas und ein unterirdischer Tempel sind hier ebenso zu finden wie ein moderner Containerhafen und das Inselkraftwerk. Mittendrin liegt mit Marsaxlokk Maltas Postkartenidylle.

Bunte Boote, Luzzi genannt, sorgen am Hafen von Marsaxlokk für frische Farben.

Marsaxlokk bedeutet „Hafen des warmen Windes“ – welch poetischer Beiname für einen der schönsten Orte auf ganz Malta. Die Geschichte schrieb wenig Poesie ins Stammbuch der kleinen Stadt: 1565 landeten hier türkische Truppen, 1798 die Franzosen, beide mit Krieg im Schlepptau.

Sowohl das Fischangebot auf dem Sonntagsmarkt als auch die typischen maltesischen Boote gehören zu den beliebtesten Fotomotiven im Hafen von Marsaxlokk.

Einen guten Ruf genießen auch die Bademöglichkeiten von Marsaxlokk. Weißer Fels und blaues Meer kennzeichnen Peter's Pool, eine der schönsten Felsenbuchten weit und breit.

Der Hafen von Marsaxlokk mit Booten und Kirche: Einen romantischeren Anblick gibt es auf ganz Malta nicht.

Am Hafen von Marsaxlokk werden die Fotos für die Fremdenverkehrswerbung und die Titelseiten von Reiseführern geschossen: bunte Fischerboote vorn, Kirche hinten. Einen romantischeren Anblick gibt es auf ganz Malta nicht. Im großen Hafen dümpeln immer viele maltesische Fischerboote mit zumeist frommen Namen wie „Madre Teresa" oder „God save us" und dem typischen Auge nahe dem Bug, das Übel abwehren soll. Auch größere Fischkutter laufen noch täglich zum Fang aus. Fischer sitzen auf der Uferpromenade und flicken ihre Netze, an Marktständen werden Fisch und Jeans, Trödel und Souvenirs verkauft. Über dem Hafen erhebt sich so malerisch, wie es die Werbepsychologie verlangt, die Pfarrkiche. Davor ist der kleine Platz mit den Tischen und Stühlen von Restaurants vollgestellt. Jeden Sonntagmorgen strömen zum großen Wochenmarkt entlang der Uferstraße massenhaft Einheimische und Urlauber herbei. Ein Fischessen nach dem Shopping gehört für viele zum Programm.

Idylle mit Rissen

Marsaxlokk ist so idyllisch, wie sich mancher ganz Malta vorstellt. Man darf die Augen nur nicht zu weit schweifen lassen. Dann nämlich erkennt man auf der anderen Seite der Bucht den modernen Containerhafen von Kalafrana mit seinen Kränen. Ihm gegenüber ragen die Schlote zweier Kraftwerke in den Himmel; das neuere der beiden wird mit Gas betrieben, das ältere, das für Engpässe bereitgehalten wird, mit Öl.

Zweierlei Traumwelten

Marsaxlokk liegt zwischen zwei Traumwelten: Sechs Kilometer nördlich der Stadt werden auf dem riesigen Infinity Pool der Mediterranean Film Studios Seeschlachten und Schiffsuntergangsszenen für Hollywoods Traumfabrik und deutsche Fernsehfilme gedreht. „Der Untergang der Pamir" und „Die Gustloff" wurden hier ebenso aufgenommen wie „Troja" mit Brad Pitt in der Titelrolle.

Sieben Kilometer westlich von Marsaxlokk leben hingegen am Rande des Industriegeländes von Hal Far Hunderte von Menschen in einem umzäunten, zweistöckigen Containerdorf, die Schiffsuntergängen ganz real nahe waren: Bootsflüchtlinge aus Afrika. Das Lager leert sich inzwischen, zwischen Januar und Mai 2016 kamen nur fünf neue Flüchtlinge an. 2008 waren es fast 3000, 2013 etwa 2000. Die meisten stammten aus Libyen, Syrien, Somalia und Eritrea. Nur fünf Prozent ihrer Asylanträge wurden abgelehnt. Wer nicht auf Malta

Die Zeugnisse der Megalithkultur gehören zu den größten Schätzen des Landes. Es ist im wahrsten Sinne des Wortes einzigartig, was die Menschen der Steinzeit hier schufen. Unten: „Altar" mit Punktmuster, Hagar Qim. Darunter und rechts oben: Aus der Luft erkennt man die Kleeblattstruktur der Anlage von Tarxien besonders gut. Nur der untere Teil der drei Meter hohen Magna-Mater-Statue ist erhalten. Unten rechts: Mächtige Felsblöcke flankieren die Durchgänge, hier in Mnajdra.

Architektonischer Brückenschlag über die Jahrtausende hinweg: Ein modernes Dach schützt den Jungsteinzeit-Tempel von Mnajdra vor Schäden, insbesondere vor der Verwitterung.

Maltas Megalithtempel sind viele Jahrhunderte älter als Stonehenge in England und die Cheopspyramide in Ägypten.

blieb, durfte zumeist in die USA ausreisen, nur wenige wurden an andere EU-Länder übergeben.

Uralte Glaubenswelten

Einwanderer waren auch die neolithischen Tempelbauer, die vor rund 6000 Jahren wohl aus Sizilien nach Malta und Gozo kamen. Um 3600 v. Chr. begannen sie mit dem Bau erster Tempel aus wuchtigen Steinblöcken. Der größte Einzelstein ist über sechs Meter lang, wiegt zehn Tonnen und ist heute noch in der Außenwand des Tempels von Hagar Qim zu sehen. Die Tempel waren bis zu zehn Meter hoch und bestanden immer aus mehreren in Kleeblattform angeordneten Räumen. Metall war zur Erbauungszeit der Tempel noch unbekannt, Mörtel ebenfalls. Im Laufe der Jahrhunderte kam zum ersten Tempel oft noch wie in Tarxien ein zweiter und ein dritter, ganz ähnlicher Tempel hinzu. Unter dem heutigen Paola begann man um 3300 v. Chr. sogar mit der Anlage eines tempelähnlichen Heiligtums unter der Erde, dem Hypogäum.

Verehrt wurde in allen Tempeln die Magna Mater, Mutter Erde; für Opfer und Rituale zuständig waren Priesterinnen, weshalb eine matriarchalische Herrschaftsform vermutet wird. Besonders bewundernswert erscheinen die Bauleistungen jener Zeit, wenn man sich klar macht,

Auf dem Weg von Marsaxlokk zur Südküste liegt das kleine Städtchen Zurrieq. Wie überall auf Malta gehören Festas zu Ehren der Kirchenheiligen zur Tradition. Alle Gassen werden für diese oft mehrtägigen Feierlichkeiten geschmückt und herausgeputzt.

Kitschig-bunt illuminierte Kirchen sind unverzichtbarer Bestandteil der Festas. Zurrieqs Pfarrkirche wurde in der ersten Hälfte des 17. Jahrhunderts erbaut. Eines der bedeutendsten Werke des Barockmalers Mattia Preti kann hier besichtigt werden: das Altarbild der Heiligen Katharina.

Weitere wichtige Zutaten einer maltesischen Festa: Blasmusikkapelle, hier in Zurrieq, ...

... und ein Feuerwerk wie in Marsaxlokk.

Special

Malti

Die maltesische Sprache

Malteser sind gute Katholiken. Dennoch ist ihr Gott „Alla“, Christus ihr „Sultan“, ihre Fastenzeit „Randan“ und ihre Muttergottes „Omm Alla“. Die Muttersprache fast aller Malteser ist das „Malti“, eine Sprache semitischen Ursprungs. Außer den 400 000 einheimischen und einer Million im Ausland lebenden Maltesern spricht sonst kaum jemand auf der Welt Malti. Für europäische Ohren ähnelt es dem Arabischen und doch wird es von Arabern kaum verstanden. Am nächsten verwandt ist es mit südtunesisch-maghrebinischen Dialekten.

Als einzige semitische Sprache weltweit wird Malti mit lateinischen Buchstaben (plus ein paar Sonderzeichen) geschrieben. Einige Wörter haben aramäischen oder phönizisch-punischen Ursprung, viele andere stammen aus dem Italienischen und Englischen, werden aber nach der semitischen Grammatik konjugiert und dekliniert.

Ca. 1,4 Millionen Menschen sprechen Malti.

Natürlich ist Malti eine der 24 offiziellen Amtssprachen in der Europäischen Union. Obwohl jeder halbwegs gebildete Malteser gut Englisch spricht, müssen daher unter anderem alle EU-Rechtsvorschriften auch ins Malti übersetzt werden. Zudem können sich alle Bürger der Inselrepublik auch auf Maltesisch an EU-Institutionen wenden. Das schafft viele gut dotierte Jobs für Dolmetscher und Übersetzer in Brüssel und Luxemburg.

dass die ägyptische Cheopspyramide erst um 2500, der englische Steinkreis von Stonehenge um 2300 und der kretische Palast von Knossos um 1900 v. Chr. entstanden – also deutlich später.

Hobby Vogelmord

Steinzeitlich mutet auch ein Hobby an, dem etwa 15 000 Malteser frönen: Vogeljagd und Fallenstellerei. Überall auf freien Flächen sieht man steinerne Unterstände, aus denen heraus Freizeitjäger auf Vögel schießen. Schöne Exemplare lässt man ausstopfen und sammelt sie in Schuppen und Garagen, darunter auch Flamingos und Greifvögel. Ebenso häufig sind Steinmanderln zu entdecken, auf denen während der Vogelzugsaison Vogelbauer mit Finken aufgestellt werden, um ihre freien Artgenossen anzulocken. Die werden dann mit Schlagnetzen gefangen und müssen für ihre Peiniger zu Hause konzertieren. Erst durch Maltas EU-Beitritt 2004 sind die Schutzbedingungen und Jagdgesetze verschärft worden. Jedoch verfehlte eine Volksabstimmung 2015 ihr Ziel, endlich die Frühjahrsjagd zu verbieten, denen die Vögel auf ihrer Reise in ihre Brutgebiete zum Opfer fallen. Die Herbstjagd stand ohnehin nie zur Debatte – zu wichtig sind die Stimmen der Jäger für die Politiker aller Couleur.

WIRTSCHAFT

Ein attraktiver Standort

Die Finanz- und Wirtschaftskrise haben Malta weit weniger hart getroffen als die übrigen EU-Staaten am Mittelmeer. Staatsverschuldung und Arbeitslosigkeit sind relativ niedrig, die politische Lage ist stabil. Weder Links- noch Rechtsextreme sitzen im Parlament.

Arbeitskraft, oben ein Steinbruch im Inselinneren, ist auf Malta günstig, Streiks sind nahezu unbekannt.

Den Maltesern ist es nach der Erlangung ihrer Unabhängigkeit 1964 schnell gelungen, sich aus der wirtschaftlichen Abhängigkeit vom Vereinigten Königreich zu lösen. Viele Jahre lang pflegte man enge wirtschaftliche Verbindungen zu Libyen und dem kommunistischen China, lockte aber ebenso erfolgreich auch Unternehmen aus dem westlichen Ausland in den jungen Inselstaat.

Deutsche Firmen auf Malta

Zu den ersten Firmen, die auf Malta eine Niederlassung gründeten, gehörte Deutschlands größter Spielwarenhersteller. Seit 1971 haben etwa eine Milliarde Playmobil-Figuren auf der Mittelmeerinsel das Licht der Welt erblickt. Größere Bauteile werden überwiegend bei Nürnberg produziert, aber Figuren und Kleinteile können im Gewerbegebiet von Hal Far im Südwesten Maltas von den etwa 1000 Mitarbeitern weitaus billiger hergestellt werden. Die Arbeitskosten sind hier viel niedriger. Nur in den EU-Staaten, die einst zum Ostblock gehörten, liegen sie noch niedriger. Außerdem arbeiten die Malteser mehr. Streiks sind nahezu unbekannt, die Arbeitsmoral ist hoch. Steuerliche Anreize kommen hinzu.

So sind heute etwa 60 bis 70 deutsche Unternehmen auf Malta tätig. Seit 2003 betreibt Lufthansa Technik am Flughafen einen großen Wartungsbetrieb, den Fluggesellschaften aus aller Welt in Anspruch nehmen. Etwa 650 Mitarbeiter sind hier beschäftigt. Medizintechnik wird vom Unternehmen Metallform auf Malta produziert, deutsche Unternehmen wie Puma, Merck und Wincor Nixdorf sind ebenfalls vor Ort aktiv. Insgesamt zählt Malta etwa 350 produzierende Betriebe aus dem Ausland.

Unterm Strich ist die Arbeitslosigkeit erfreulich niedrig. Selbst bei der Jugendarbeitslosigkeit können sich

Die riesigen Containerbrücken im modernen Hafen von Kalafrana stehen für Maltas wirtschaftliche Fitness.

Gas- und Ölkraftwerke flankieren die Marsaxlokk Bay.

– die allerdings immer noch hohen – Zahlen sehen lassen.

Die Gunst der Lage

Frühzeitig erkannten die Malteser, dass der Grand Harbour zwischen Valletta und den Three Cities angesichts immer größer werdender Frachtschiffe und seiner räumlichen Enge keine Zukunft hat. Darum gründete man schon 1988 den Malta Freeport in der Marsaxlokk Bay und legte dort in Kalafrana den ersten großen Container-Umschlaghafen des gesamten Mittelmeers an. Hier laden Containerriesen aus aller Welt ihre Fracht ab. Mit 17 Metern Wassertiefe haben selbst ganz große Pötte, die bis zu 18000 Standardcontainer transportieren können, kein Problem. Von etwa 2100 Schiffen pro Jahr werden rund drei Millionen Standardcontainer umgeschlagen – nur etwa vier Prozent von ihnen sind für Malta selbst bestimmt. Obwohl Malta keinerlei exportfähige Rohstoffe besitzt und zudem kaum landwirtschaftliche Produkte ausführen kann, exportierte der Inselstaat dank seines Hafens zuletzt Güter im Gesamtwert von rund 12,7 Milliarden Euro, insbesondere Mineralöle, Schmierstoffe, Maschinen und Transportausrüstungen. Sie machten zugleich über zwei Drittel aller Importe in Höhe von rund 4,8 Milliarden Euro aus und wurden nahezu vollständig an andere Länder weitergeliefert.

Den Grand Harbour freilich hat man in der Zwischenzeit nicht ungenutzt gelassen. Zement und Getreide werden weiterhin hier angelandet. Neben Marinas auch für Superjachten entstand ein modernes Kreuzfahrtterminal, an dem 2017 über 340 Schiffe anlegten. Damit hat Malta auch ein neues touristisches Standbein hinzugewonnen – obwohl es auch ohne Kreuzfahrtpassagiere zuletzt schon rund 2,3 Millionen ausländische Besucher im Jahr begrüßte.

Pässe für Superreiche

Ein kleines Zubrot verdient sich der Staat neuerdings durch den Verkauf der maltesischen Staatsbürgerschaft an Nicht-EU-Ausländer. 1800 neue Pässe stehen dafür zur Verfügung, die Freizügigkeit innerhalb der EU und viele Vorteile beim Reisen und Handeln weltweit bieten. Der Preis: 640000 Euro plus diverse Sonderleistungen. In der Summe kommen über eine Million Euro pro Pass zusammen. So werden alle Menschen gleich, wenn sie nur Geld genug besitzen …

Fakten

Kennzahlen im Vergleich

Arbeitslosigkeit Stand 2018:
Malta 3,5 %; EU 7,1 %
Jugendarbeitslosigkeit:
Malta 9,4 %; EU 17,7 %

Arbeitskosten im Schnitt:
Malta 13,20 €/Std.;
EU 29,80 €/Std. (ohne östliche EU)

Durchschnittliche Zahl der Arbeitsstunden pro Jahr:
Malta 1792 Std.; EU 1699 Std.

Playmobil produziert auf Malta Figuren und Kleinteile und unterhält in Hal Far einen Funpark für Kinder.

Misrah Kola
Attard
Mt. Carmel Hospital
Wied is-Sewda
Hal Muxi
Tal Hlas Church
St. Philip's Church
De Rohan Gate
Hal Mula
Hal Dwien
Wied Baqqija
Il-Hesri
Siġġiewi
Limestone Heritage
Tas Salvatur
Tal Providenza
Qrendi
Hagar Qim
Mnajdra Temples
Il-Maqluba
Ras il-Hamrija
Wied iz-Zurrieq
Blue Grotto
Ras il-Bajjada
Maßstab 1:51.000
0
1km
Wignacourt Aqueduct
Santa Venera
Casa Leoni
Tad-Dwieli
Hamrun
L-Istabar
Ghammieri
Msida
Pietà
Gwardamanga
Argotti Botanic Gardens
St. Publius
Marsa
Marsa Sports Club
St. Vincent de Paul Hospital
St. Bartholomew Hospital
Luqa
Wied Qirda
Wied Hanzir
Wied il-Kbir
Malta International Airport
MLA
Quarried Area
Tac Cawla
Church St. Mary
Mqabba
Tal Mentna
Hal-Kirkop
Tal-Fleres
Tal-Kittinija
Hal Millieri Chapel
Żurrieq
St. John's Church
In-Nigret
Nigred
Wardija Tower
Wied Fulija
Bubaqra
Hal-Safi
Tal-Galuhar Tower (Roman)
Ta Ghammer
Il-Minkba
Hal Far Airfields (Disused)
Dolmen
Hal Far
Tar Ranzija
Senglea (Il Isla)
Fort St. Angelo
Bus Terminal
Vedette
Grand Harbour
Kalkara Creek
Dockyard Creek
French Creek
Il-Kortin
Kordin
Marsa Creek
Mosque
Ghajn Dwieli
Paola
Tal Borg
Hypogäum
Tarxien Temples
Tal-Horr
Santa Lucija
Santa Lucija Church
Tarxien
Fgura
Vittoriosa
Inquisitor's Palace
Bormla
Cospicua
Rock Gate
St. Glenn Gate
Zabbar Gate
Polverista Gate
Ta' Grazzja
Hompesch Arch
Bulebel iż-Żghir
Kalkara
Rinella Battery
Fort St. Rocco
Santu Rokku
San Pietru
Il-Wileg
Xghajra
Museum of Religious Art
Żabbar
San Leonardo
Fort San Leonardo
Ras il-Ġebel
Sala Rock
Żonqor
Żonqor Point
Dolmen
Marsaskala
Marsaskala Bay
Il-Ġzira
Il-Kappana
St. Thomas Tower
Mignuna Point
Ta' Ngraw
Mamo Tower
St. Thomas Bay
Il-Munxar
Il-Minżel
Żejtun
St. Catherine's Church
Girgor Pillbox
Hal-Għaxaq
Gudja
Bir id-Deheb
Ta' Hal Ġinwi
Misraħ Strejnu
Tas Silġ
Tas Silġ Church
Battery
St. Paul's Church
Tas Silġ Battery
Marsaxlokk
Wied Dalam
Wied Has Sabtan
Cave Museum
Ghar Dalam
Roman Villa
Borg in-Nadur
Temple
Birżebbuġia
Wied il-Qoton
Il-Fiddien
Qrajten Point
Id-Qajjenza
Il-Fossa
St. Lucian's Tower
Ferretti Battery
St. George's Bay
Il-Ponta l-Kbira
Pinto Battery
Pretty Bay
Marsaxlokk Bay
Port Mieles
Power Station
Rdum il-Bież
Delimara
Hofra il-Kbira
Hofra iz-Zghira
Ras il-Fenek
Peter's Pool
Tumbrell Point
Fort Delimara
Il-Qala
Delimara Lighthouse
Delimara Point
Tal-Papa
Kalafrana
Benghisa
Benghisa Point
Fort Benghisa

Tempel, Häfen und Küsten

Im Süden gibt es kein Großhotel und kaum Strände. Marsaxlokk ist der schönste Fischerhafen der Insel, Kalafrana an der gleichen Bucht Maltas Containerhafen. Daran schließt sich mit Hal Far das größte Industrie- und Gewerbegebiet des Landes an. Die Attraktionen sind das Hypogäum, drei Megalithtempel sowie die Blaue Grotte.

1 Tarxien/Paola

Die beiden nahtlos ineinander übergehenden Gemeinden Tarxien (8500 Einw.) und Paola (8200 Einw.) sind wegen ihrer prähistorischen Stätten einen Besuch wert.

SEHENSWERT

Nach Paola fährt man, um das **Hypogäum Hal-Saflieni** TOPZIEL (Cemetery Street, wegen Renovierung zum Zeitpunkt der Drucklegung geschl., siehe Website) zu besichtigen. Der dreistöckige unterirdische Sakralbau mit seinen 33 ovalen Kammern wurde zwischen 3200 und 2500 v. Chr. ähnlich ausgestaltet wie die oberirdischen Tempel jener Epoche. Knochenfunde belegen, dass in dieser jungsteinzeitlichen Kult- und Grabstätte mehrere Tausend Menschen beigesetzt wurden, fast ausschließlich Frauen. Bekanntestes Fundobjekt ist die „Schlafende Dame". Für die stündlichen Führungen sollte man sein Ticket unbedingt frühzeitig buchen (www.heritagemalta.org, 35 €, Bezahlung per Kreditkarte), da die Besucherzahl limitiert ist. Resttickets für den Folgetag werden in Valletta und Victoria/Gozo verkauft (nähere Infos auf der Website).

Nach Tarxien lockt der oberirdische neolithische **Tempel**, mit vier ineinander verwobenen, zwischen 3800 und 2800 v. Chr. errichteten Einzeltempeln der größte Tempelkomplex des Landes (Neolithic Temples Street, www.heritagemalta.org, tgl. 9.00–17.00 Uhr). Hier ist das Bauprinzip besonders gut zu erkennen, außerdem stehen in einigen Kammern Kopien von Tierreliefs und einer monumentalen Magna-Mater-Statue.

Tipp

Urbritisches Spektakel im Fort Rinella

Pazifisten schütteln den Kopf, doch Malteser und vor allem Briten lieben die Spektakel, die an sechs Tagen in der Woche im ehemals britischen Fort aus dem späten 19. Jh. veranstaltet werden. Vor einigen Jahren erhoben sie das Fort auf Tripadvisor sogar zur bedeutendsten kulturellen Sehenswürdigkeit der Insel. Naja. Bei der Haupttour um 14 Uhr trägt der Führer eine historische Uniform, zeigt die Kavallerie ihr Können, dürfen sogar Touristen gegen Gebühr eine Kanone abfeuern oder mit historischen Gewehren schießen. Schon um 12 Uhr steht die militärische Signalgebung, um 13 Uhr die Geschichte des Schwertes im Mittelpunkt von Shows. Wer Hunger verspürt, kann für sechs Euro ein sehr schlichtes Soldaten-Menü inklusive dünnem Tee bestellen.

St. Rocco Road, Kalkara,
Tel. 21 80 97 13,
www.fortrinella.com,
Mo.–Sa. 10.00–16.40 Uhr

RESTAURANTS

Für einen kleinen Snack oder eine Portion Gyros setzt man sich am besten an den € **Kiosk** unter die schattigen Bäume auf dem lang gestreckten Dorfplatz von Paola.

2 Zabbar

Zabbar (14 900 Einw.) ist ein typisches Landstädtchen, das man auf dem Weg zu den Attraktionen in seiner näheren Umgebung durchquert.

SEHENSWERT

Kommt man aus Richtung Paola und Tarxien, bildet das **Hompesch Gate** den Eingang zur Stadt. Der erste deutsche Großmeister des Ordens, Ferdinand von Hompesch, ließ es 1797 erbauen – ein Jahr, bevor Napoleon die Johanniter von der Insel vertrieb. Auch der Bau der Hauptkirche des Ortes, **Madonna tal-Grazzja**, mit ihrer besonders üppigen Barockfassade wurde vom Orden stark gefördert. Im **Kirchenmuseum** (Mediatrix Square, So. 9.30–12.30 Uhr) sind u. a. die Sänften einiger Großmeister und Galeerenmodelle zu sehen.

Blick auf die schmale Bucht von Marsaskala, das Hompesch Gate in Zabbar

HOTELS

Zwei schlichte Zimmer im Natursteinlook bietet das B & B € **Buganvilla** (88 Triq San Guzepp, Tel. 99 42 41 01, www.bedandbreakfast.eu).

VERANSTALTUNGEN

Ende Mai/Anfang Juni: **Malta International Food Festival**. An etwa zehn Ständen wird zu Live-Musik und Show-Programm Essen aus aller Welt zubereitet und angeboten.

September: Am 8. September (falls das ein Sonntag ist) oder am Sonntag danach wird Zabbar zum Mekka maltesischer Biker. Zur großen **Dorf-Festa zu Ehren Mariens** strömen sie herbei, um ihre Gefährte segnen zu lassen. Etliche der Oldtimer haben das wohl auch bitter nötig.

UMGEBUNG

3 km nördlich von Zabbar wächst mit der **Smart City** eine neue, ganz moderne Stadt aus dem Boden. Hier sollen vor allem Firmen aus der IT-Branche angesiedelt werden. Als erstes Element wurde 2014 der Laguna Walk mit großem Wasserbecken, Open-Air-Theater, Geschäften und Restaurants eröffnet.
Fährt man von hier in Küstennähe weiter in Richtung Grand Harbour, passiert man zunächst die **Mediterranean Film Studios** mit ihrem großen künstlichen Wasserbecken, auf dem Filmemacher aus aller Welt auf dem offenen Meer spielende Szenen drehen (keine Besichtigung möglich, aber guter Blick über den Zaun von der Straße aus).

3 Marsaskala

Marsaskala (11 400 Einw.) zieht sich an einer langen, schmalen Bucht entlang; auf dem Wasser sind im Sommer zahllose Boote festgemacht. Die meisten Wohnungen hier sind Zweitwohnsitze von Maltesern. Lange aufhalten muss man sich hier nicht.

SEHENSWERT

Am südlichen Buchtausgang steht der **St. Thomas Tower** aus dem Jahr 1614 (keine Innenbesichtigung möglich). Etwa 1 km weiter kommt man zur **St. Thomas Bay**; von glatt geschliffenen Felsplatten aus kann man hier gut baden.

RESTAURANTS

Im Restaurant **€ € Capo Tavola** (Marina Street, Tel. 27 53 00 27) auf der Ostseite der Bucht fühlt man sich wegen seiner familiären Atmosphäre und seiner apulischen Küche fast wie in Italien.
Maltesisch-familiär geht es im **€ € Tal-Familja** zu (Triq il-Gardiel, Tel. 21 63 21 61, www.talfamiljarestaurant.com), wo Roberta Preca für die landestypische und mediterrane Küche verantwortlich zeichnet.
Fast wie in einem alten Bauernhaus speist man im **€ € La Favorita** (Triq il-Gardiel, Tel. 21 64 34 13).

Tipp

Speisen mit Aussicht

Wie auf dem Bug eines Ozeandampfers, der aufs offene Meer ausläuft, speisen Sie auf der Terrasse des Restaurants Blue Creek an der Küste von Ghar Lapsi. Vor sich sehen Sie außer Wasser nur das Inselchen Filfar. Für musikalische Untermalung sorgen die anbrandenden Wellen, für Gaumengenüsse der Koch und die Servicekräfte, die Ihnen auf Wunsch den frischen Fisch am Tisch filetieren. Für einen krönenden Abschluss sorgen die hervorragenden Desserts wie Crème Brulée oder warmer Apfel- und Walnusskuchen.

Blue Creek, Tel. 21 46 28 00, www.bluecreekmalta.com, Sommer tgl. 11.00–16.00 und 18.00–23.00, Winter Mo.–Do. 11.00–16.00, Fr.–So. 18.00–23.00 Uhr

Trilithnische im Megalithtempel von Mnajdra, Hafen und Marktplatz von Marsaxlokk

4 Marsaxlokk

Der Hafen von Marsaxlokk (3400 Einw.) ist der schönste und fotogenste des gesamten Archipels. Hunderte von Fischerbooten liegen an Kais und Bojen, die Uferstraße wird von Fischrestaurants gesäumt. Zum maritimen Ambiente trägt der Blick auf das nahe Containerterminal von Kalafrana bei.

SEHENSWERT

Marsaxlokk ist ein „Gesamtkunstwerk“, besonders hervorzuhebende Sehenswürdigkeiten gibt es nicht. Täglich findet direkt am Wasser ein **Straßenmarkt** statt, der sonntags die gesamte Uferpromenade besetzt. Wer baden möchte: Am Hafen gibt es einen kleinen **Sandstrand**, mehrere attraktive Badebuchten sind eine kurze Wanderung oder Autofahrt entfernt.

HOTELS

Unterkünfte sind in Marsaxlokk derzeit noch ziemlich rar. Direkt am Hafen wohnt man im **€ € Duncan's Guesthouse** (siehe Unsere Favoriten S. 114/115).
Am Kirchplatz, etwa 130 m ortseinwärts, liegt die **€ € Harbour Lodge** (38 Triq San Piju V, Tel. 99 82 14 91, www.harbourlodgemalta.com).
Erst 2014 eröffnet wurden die **€ € € Quayside Apartments** (Xatt is-Sajjieda, Tel. 99 49 18 52, www.quaysidemalta.com) mit ihren farbenfrohen Türen und Fenstern.

RESTAURANTS

Eine exzellente Adresse für Fisch, Fischsuppe und Spezialitäten wie Spaghetti mit Seeigeln ist das unprätentiöse **€ € € La Capanna** (60 Xatt is-Sajjieda, Tel. 21 65 77 55, www.lacapanna.com.mt).
Unter den vielen Restaurants entlang der Hafenstraße zeichnet sich das **€ € € Terrone** (Xatt is-Sajjieda, Tel. 27 04 26 56, www.terrone.com.mt) des in Australien und England ausgebildeten Kochs Adrian Hili durch eine besondere feine maltesisch-mediterrane Küche aus.

UMGEBUNG

Lohnend ist eine Wanderung über die **Delimara-Halbinsel** auf der Ostseite der Marsaxlokk Bay (hin und zurück ca. 2 Std.). Sie führt landseit g am Kraftwerk vorbei zum britischen Fort Delimara (3,8 km) von 1876, das aber nicht besichtigt werden kann. Auf Höhe des Kraftwerks verläuft ein ausgeschilderter Weg zum **Peter's Pool**, einem von Felsen gesäumten Badeplatz.

5 Birzebbugia

Birzebbugia (11 800 Einw.) ist trotz seiner Lage an der Marsaxlokk Bay und des größten Strandes m Inselsüden überhaupt kein Ferienort. Am östlichen Ortsrand stehen Tank- und Gaslager, im Südwesten dominiert der Containerhafen Kalafrana das Bild.

SEHENSWERT

Vor dem Ortszentrum erstreckt sich ein etwa 250 m langer und bis zu 50 m breiter Sandstrand, der im Sommer trotz des nahen Containerhafens eifrig genutzt wird. Schön ist ein Bummel von hier entlang der **Uferpromenade** bis zur Einfahrt ins Hafengelände. Dabei kann man den intensiven Schiffsverkehr und die Containerriesen aus nächster Nähe recht gut studieren.

HOTELS UND RESTAURANTS

In Birzebbugia gibt es nur ein modernes Hotel, das 20 m vom Strand entfernte **€ € Water's Edge** (Summit Square Tel. 21 65 00 36, www.watersedgemalta.com).
Im Restaurant **€ €/€ € € Ferretti** (Triq ilk-Qajjenza. Tel. 21 65 02 47, www.ferretti.com.mt)

gehen Moderne und Ritterzeit eine gelungene Verbindung ein; besonders empfehlenswert ist die gemischte Meeresfrüchteplatte.

UMGEBUNG
Kurz vor dem nördlichen Ortseingang liegt unweit der Straße nach Valletta die gut ausgeschilderte **Höhle Ghar Dalam** (tgl. 9.00–17.00 Uhr). Hier wurden Skelettreste von Zwergelefanten, Zwergflusspferden, Braunbären und anderer großer Tiere gefunden, die Malta vor über 10 000 Jahren bevölkerten. Im Boden sind noch viele Knochenreste zu sehen. Westlich von Birzebbugia führt die Straße nach Hagar Qim durch das Industrie- und Gewerbegebiet **Hal Far** (5 km westl.) mit dem ehemaligen Militärflughafen aus dem Zweiten Weltkrieg. Kinder interessiert natürlich vor allem der **Playmobil Fun Park**, der der Playmobil-Fabrik angeschlossen ist (www.play mobilmalta.com, tgl. 10.00–18.00 Uhr).

6 Hagar Qim/Mnajdra

Hagar Qim und Mnajdra sind keine Orte, sondern die am schönsten gelegenen neolithischen Tempel des Landes. Sie sind nicht wie in Tarxien von Häusern umgeben, sondern stehen in freier Natur nahe am Meer.

SEHENSWERT
Die Tempel (Okt.–März tgl. 9.00–17.00, Sommer 9.00–18.00 Uhr) liegen nur etwa 500 m voneinander entfernt. Beide werden von zeltartigen Schutzdächern überspannt. Nach einem Rundgang durchs moderne Besucherzentrum geht man nur etwa 80 m bis zum Tempelkomplex von **Hagar Qim TOPZIEL**. In ihm wurde der größte, je verwendete Monolith verbaut. Er ist über vier Meter hoch, sieben Meter lang und mehr als 20 Tonnen schwer.
Der Tempelkomplex von **Mnajdra TOPZIEL** besteht aus drei hier besonders deutlich voneinander getrennten Einzeltempeln aus der Zeit zwischen 3500 und 2800 v. Chr. Hier ist der Ansatz einer bienenkorbartigen Überdachung noch besonders gut zu erkennen.

RESTAURANT
Hinter dem modernen Besucherzentrum liegt das traditionelle Landrestaurant **€ € Hagar Qim** (Tel. 21 42 41 16) mit großer Terrasse. Ganzjährig ist es an Wochenenden ein beliebtes Ausflugsziel der Malteser. Freitagabends lockt es mit Karaoke, samstagsabends mit live gespielter Country-&-Western-Musik, sonntags mit einem Lunch-Buffet.

UMGEBUNG
Von der kleinen Küstensiedlung **Wied iz-Zurrieq** (2 km südöstl.) fahren ständig Boote in die **Blaue Grotte** (Foto siehe S. 66), in der ein wunderschönes Farbenspiel Besucher verzaubert. **Ghar Lapsi**, Standort der ersten Meerwasserentsalzungsanlage Maltas, lockt mit einem winzigen Sandstrand an einer Felsbucht, in der auch Taucher gern ins Wasser steigen (5 km westl.).

Genießen Erleben Erfahren

DuMont Aktiv

Maltas Unterwasserwelten

Malta gilt als einer der besten Tauchspots im ganzen Mittelmeer. Herrlich klares Wasser, Steilküsten, Grotten und Felsspalten bürgen für eine bunte Fauna, während Krieg und Havarien viele Wracks hinterlassen haben. Etwa 50 Tauchschulen helfen bei ihrer Erkundung.

Das Wracktauchen ist eine Spezialität der Tauchstation Dive Med in Marsaskala. Diese bietet auch einwöchige Tauchprogramme an, die täglich zu anderen Wracks führen. Aber auch einzelne Tauchgänge sind möglich. Ziele sind unter anderem der britische Zerstörer HMS Maori, der in 14 Meter Tiefe im Grand Harbour von Sand umhüllt wird, oder der arabische Tanker „Um el Faroud", der in bis zu 36 Meter Tiefe auf dem Meeresgrund ruht. Eine besonders interessanten Höhlentauchgang versprechen die Delimara Cave, von deren Eingang in 21 Meter Tiefe man durch einen Schlot zum Ausgang in nur neun Meter Tiefe aufsteigt, und die Höhle von Ghar Lapsi, die mit ihren zwei Eingängen einem Tunnel gleicht. Wer noch nie getaucht hat, kann bei Dive Med und vielen anderen Tauchschulen auf Malta und Gozo auch einen Schnuppertauchgang buchen, für den keinerlei Vorkenntnisse notwendig sind. Schon Kinder ab zehn Jahren können daran teilnehmen.

Weitere Informationen

Tauchen auf Malta (Auswahl)
Dive Med, Zonqor Point, Marsaskala, Tel. 21 63 99 81, www.divemed.com

Octopus Garden, Gillieru Harbour Hotel, Church Square, St. Paul's Bay, Tel. 21 57 87 25 www.octopus-garden.com

Tauchen auf Gozo (Auswahl)
Marsalforn:
Atlantic Diving Centre, Qolla Street, Tel. 22 19 00 00, www.atlantisgozo.com

Nautic Team, Triq il-Vulcan Tel. 21 55 85 07, www.nauticteam.com

Maltas Blaue Grotte in der Nähe der beiden Tempel Hagar Qim und Mnajdra ist ein beliebter Tauchspot. Blaualgen sorgen für das im Sonnenlicht blau schimmernde Wasser.

Stille Stadt, viele Festas

Maltas Küsten, einst die Domäne der Ritter, haben sich heute weitgehend dem Tourismus verschrieben. Vornehm zurückgezogen gehören Mdina und Rabat ganz den Einheimischen: Mdina als museales Juwel, Rabat als lebhaftes Landstädtchen. Auf ihrem Hochplateau setzen sie sich deutlich vom urbanen Malta ab, lassen um sich viel Raum für Landwirtschaft, ein Wäldchen und die wilde Natur an den Dingli Cliffs.

Am Karfreitag steht Zebbug ganz im Zeichen der Passionsspiele, bei denen auch prächtig kostümierte Römer unterwegs sind.

Im Zentrum der Insel liegt die alte Hauptstadt Mdina. Autofreie Gassen, stille Winkel und alte Festungsbrücken verleihen ihr ein mittelalterliches Flair. Vor der Kathedrale St. Peter und Paul (oben rechts) trifft sich so manche Hochzeitsgesellschaft. Wer bequem die Altstadt erkunden will, heuert eine Kutsche an.

Erst aus der Distanz zeigt sich die beeindruckende Lage von Mdina auf einem Ausläufer des Dingli-Plateaus. Eine Stadtmauer umzieht die gesamte Altstadt und erinnert an unruhige Zeiten.

Mdina wird gerne „die stille Stadt" genannt. Glockengeläut und Hufgetrappel geben hier den stärksten Ton an.

Nähert man sich Mdina (gesprochen Emdina) von Valletta oder St. Paul's Bay, ragen die Mauern der Stadt schon von Weitem gut sichtbar hoch aus der Ebene heraus. Am Hang zu ihren Füßen wächst ein wenig Wein, über die Mauer hinüber lugen Kuppel und Türme der Kathedrale. Autos parken auf dem weiten Platz vor dem „Main Gate", an der Brücke über den Wallgraben stehen Kutschen für kurze Stadtrundfahrten bereit. Mehr von der Stadt sieht man freilich zu Fuß. Da Glockengeläut und Pferdegetrappel hier die stärksten Töne angeben, wird die Hauptstadt aus Vorordenszeiten auch gern werbeträchtig und dennoch zutreffend „The Silent City – Die stille Stadt" genannt.

Versteckter Wohlstand

Mdina ist wie Valletta vom Barock geprägt. Klöster und Adelspaläste säumen die engen Gassen, in der Kathedrale sind wie in Vallettas Pendant Männer unter farbigen Grabplatten beigesetzt. Doch sind es hier keine Ordensritter, sondern einheimische Geistliche und Adelige.

Die Johanniterritter verstanden sich in der Gewaltenteilung, lebten weitgehend in friedlicher Koexistenz mit den lokalen Notablen. Die sorgten dafür, dass ihre Pächter die Äcker bestellten, und stellten bei Bedarf Hilfssoldaten für die Schiffe und Truppen der Ritter ab. Dafür durften sie in Mdina selbst in Wohlstand leben, der sich wie in Valletta allerdings hinter dicken Mauern mit vergitterten Fenstern verbarg.

Bingo mit dem Pfarrer

Eher einfaches Volk trifft sich tagsüber beim runden Kiosk am unteren Ende des großen Platzes zwischen Mdina und ihrer Schwesterstadt Rabat. Gleich neben einer uralten, aber noch sehr betriebsamen Tankstelle wird auf offener Terrasse kräftig geraucht, Kaffee, lokales Cisk-Bier und Kinnie getrunken, Maltas genuine Limonade. Wo am Kiosk tagsüber vor allem Rentner an Tische sitzen, Karten spielen und diskutieren, trifft sich an Sommerabenden die Jugend von Rabat, um für den Besuch der beiden größten Inseldiskotheken ganz in der Nähe vorzuglühen. Nonnenkränzchen ziehen für gesellige Treffen mit ihren weltlichen Anverwandten die beiden Panoramarestaurants gleich gegenüber vor.

Geselligkeit ganz anderer Art pflegen Priester mit zumeist älteren weiblichen Gemeindemitgliedern auf kleinen Busausflügen. Als Ziel besonders beliebt sind die Kaninchen-Restaurants im weltabgeschiedenen Bahrija: Da wird nachmittags bei Kaffee und Kuchen leidenschaftlich Bingo gespielt.

Kulturell bietet Zentral-Malta mehrere Highlights. Die Überreste eines Stadthauses aus der Römerzeit bilden den Mittelpunkt des Museumskomplexes „Domus Romana“ in Rabat (Bild rechts). Die Rotunda Santa Marija Assunta von Mosta (Bilder unten) hat ihr Vorbild im Pantheon in Rom, italienische Renaissancepalazzi standen Pate für den Palazzo Parisio im Zentrum von Naxxar. Die luxuriöse Inneneinrichtung (S. 65 oben) sowie sein herrlicher Garten machen ihn zur Augenweide.

Paulus und Päpste

Die Malteser sind stolz darauf, dass es auf ihren Inseln keine Giftschlangen gibt. Sie wissen, wem sie das zu verdanken haben: dem Apostel Paulus. Der strandete im Jahr 59 auf seiner letzten Reise nach Rom in der maltesischen Bucht, die heute nach ihm benannt ist. Die Einheimischen nahmen die Schiffbrüchigen freundlich auf und entzündeten ein Feuer, an dem sie sich trocknen konnten. Plötzlich schoss eine giftige Schlange daraus hervor und biss Paulus in die Hand. Der nahm keinen Schaden, aber Rache – und verbannte giftige Reptilien für immer aus Malta.

Quartier bezog er dann für drei Monate in einer Grotte unter der heutigen Pfarrkirche von Rabat. In sie stieg 1990

Die Malteser sind stolz darauf, dass es auf ihren Inseln dank Apostel Paulus keine Giftschlangen gibt.

auch Papst Johannes Paul II. hinab, um vor der Paulusstatue des maltesischen Bildhauers Melchiorre Cafá zu beten. Eine Gedenktafel erinnert an dieses Ereignis.

Einen kurzen Blick warf der Heilige Vater auch in die Katakomben, die von der Paulus-Grotte aus zugänglich sind. Sie bilden einen Teil einer ausgedehnten unterirdischen Stadt, in der die frühen Christen der Insel jahrhundertelang ihre Toten beisetzten. An bestimmten Festtagen nahmen sie dort zum Gedenken an die Verstorbenen trotz sicherlich starken Verwesungsgeruchs auch Mahlzeiten ein. Liebesmähler nannte man sie, aufgedeckt wurde auf „Agape"-Tischen, von denen einige noch erhalten sind.

Der Ein-Kilometer-Teller

So wie die Menschen der Antike hauptsächlich aßen, was in ihrer nächsten Umgebung wuchs, verlangen auch im-

Zahlreiche Höhlen prägen die Steilküste im Süden Maltas. Blue Grotto, die Blaue Grotte, entfaltet ihre ganze Pracht nur bei einem Besuch mit dem Boot. Gleichwohl kann man auch von oben einen Blick auf den malerischen Felsbogen werfen.

Keine Berge, aber Kletterer. Die Felsen, Kliffs, Spalten und Zinnen, die aus dem tiefblauen Meer aufragen, bieten ihnen an der Südküste jede Menge Herausforderungen.

Für Kletterer gilt Malta als Geheimtipp. Über 1300 Routen sind erschlossen.

Special

Frau und Familie

Traditionen im Umbruch

Wie überall in Europa beginnen sich in Malta althergebrachte, religiös geprägte Familienstrukturen aufzulösen.

Immer weniger junge Leute wohnen noch bei ihren Eltern, immer weniger Alte bei ihren Kindern. Bemerkenswert ist der schwindende Einfluss der katholischen Kirche. Ihre größte Niederlage erlitt sie 2007, als sich die Malteser in einem Referendum knapp für das Recht auf Ehescheidung aussprachen. Und 2014 ließ das Parlament gar gleichgeschlechtliche Ehen zu und gewährte homosexuellen Paaren das Recht, Kinder zu adoptieren.

Heirat erlaubt! Scheidung jetzt auch.

Bei der faktischen Gleichberechtigung der Frauen in Politik und Wirtschaft indes hinkt Malta noch hinterher. Frauen besitzen zwar seit 1947 das Wahlrecht, sind aber mit weniger als 12 Prozent der Abgeordneten im Parlament vertreten (Deutschland und Österreich: über 30 Prozent). Im EU-Parlament jedoch besitzt Malta mit 67 Prozent den höchsten Anteil weiblicher Abgeordneter aller 28 EU-Mitgliedsländer. Auch steht in Malta schon zum zweiten Mal eine Präsidentin an der Spitze des Staates.

Schwer haben es Frauen auf dem Arbeitsmarkt. Ihre Beschäftigungsrate ist mit unter 50 Prozent die niedrigste in der EU. Die Lohndiskriminierung liegt mit nur sechs Prozent allerdings weit unter der in Deutschland (ca. 22 Prozent).

mer mehr Malteser jetzt wieder nach lokalen Ernährungsprodukten. Das Restaurant „The Cliffs" an den Dingli Cliffs hat diesen Wunsch aufgegriffen und einen Ein-Kilometer-Teller kreiert. Auf dem liegt nur, was in einem engen Umkreis geerntet oder produziert wurde. Sonnengetrocknete Tomaten, Kapern, Wildsalate und hausgemachte Chutneys gehören ebenso dazu wie der auf Malta heiß geliebte Frischkäse *gbejna*.

Einheimisches Olivenöl ist ein Muss: Wie so mancher Ortsname verrät, waren Olivenhaine in arabischer Zeit zahlreich auf Malta. Später wurden sie arg vernachlässigt, doch in den letzten beiden Jahrzehnten hat man verstärkt neue Ölbäume gepflanzt. Viele werden zwar nach Bio-Prinzipien gehegt, doch kann ihr Öl bisher noch kein Bio-Zertifikat bekommen, weil es auf Malta und Gozo keine einzige Ölpresse gibt, die ausschließlich Bio-Oliven presst. Die bisher einzige Ausnahme ist das Öl des Restaurants Ta' Frenc bei Marsalforn auf Gozo: Dessen Eigentümer schicken ihre Oliven zum Ölpressen auf die Reise in eine exklusive Bio-Ölpresse nach Sizilien.

God save the Queen

Während der britischen Kolonialzeit haben die Insulaner nicht nur den Olivenanbau vernachlässigt, sondern auch

Vier Facetten von Malta: die „Clapham Junction" genannten Karrenspuren verlaufen stets parallel durchs Gestein und stammen aus der Bronzezeit. Wald hat Seltenheitswert auf Malta. Umso mehr beeindruckt ein Besuch der Buskett Gardens bei Rabat (im Hintergrund der Verdala Palace; rechts). Traumaussicht Richtung Afrika gewähren die Dingli Cliffs (unten links). Vogelbeobachter und -schützer besuchen die Insel vor allem während der Zugzeiten im Frühjahr und Herbst.

Im Zentrum Maltas erhebt sich ein über 250 Meter hohes Plateau, das sich bis in den Süden erstreckt, dort am Meer jäh abbricht und spektakuläre Klippen bildet: die Dingli Cliffs.

Rote Briefkästen, rote Telefonzellen, Linksverkehr und die „Times of Malta" erinnern an das britische Erbe.

sonst – zum Teil zwangsweise – von alten Gewohnheiten abgelassen. So war es ihnen auch nicht mehr gestattet, selbst Tresterschnäpse zu brennen. Man stellte sich auf Whisky ein. Erst seit etwa 20 Jahren gibt es zumindest wieder maltesische Liköre, Tendenz steigend. Besonders lecker: der Likör aus Kaktusfeigen!

Insgesamt waren die Malteser aber mit der britischen Kolonialherrschaft so zufrieden, dass 74 Prozent der Bevölkerung 1955 bei einer Volksabstimmung für eine völlige Eingliederung Maltas ins Vereinigte Königreich plädierten. Erst als das die Briten ablehnten, entstand die Forderung nach Unabhängigkeit. So wundert es auch nicht, dass in Malta noch heute die roten Briefkästen mit den Initialen britischer Monarchen und die typischen roten Telefonzellen stehen, Linksverkehr herrscht, die englischsprachige „Times of Malta" seriöseste Tageszeitung des Landes ist. Bars heißen immer noch zum Gedenken an britische Thronjubiläen „Diamond's" und „Crown Jubilee", und die männlichen Vornamen, die man am meisten hört, sind Joe und Bill.

Drei Festas in Rabat

Kommt man im Mai nach Rabat, steckt die Stadt schon mitten in den Vorbereitungen für ihre drei großen Festas. Sie liegen dicht beieinander, sodass die auf-

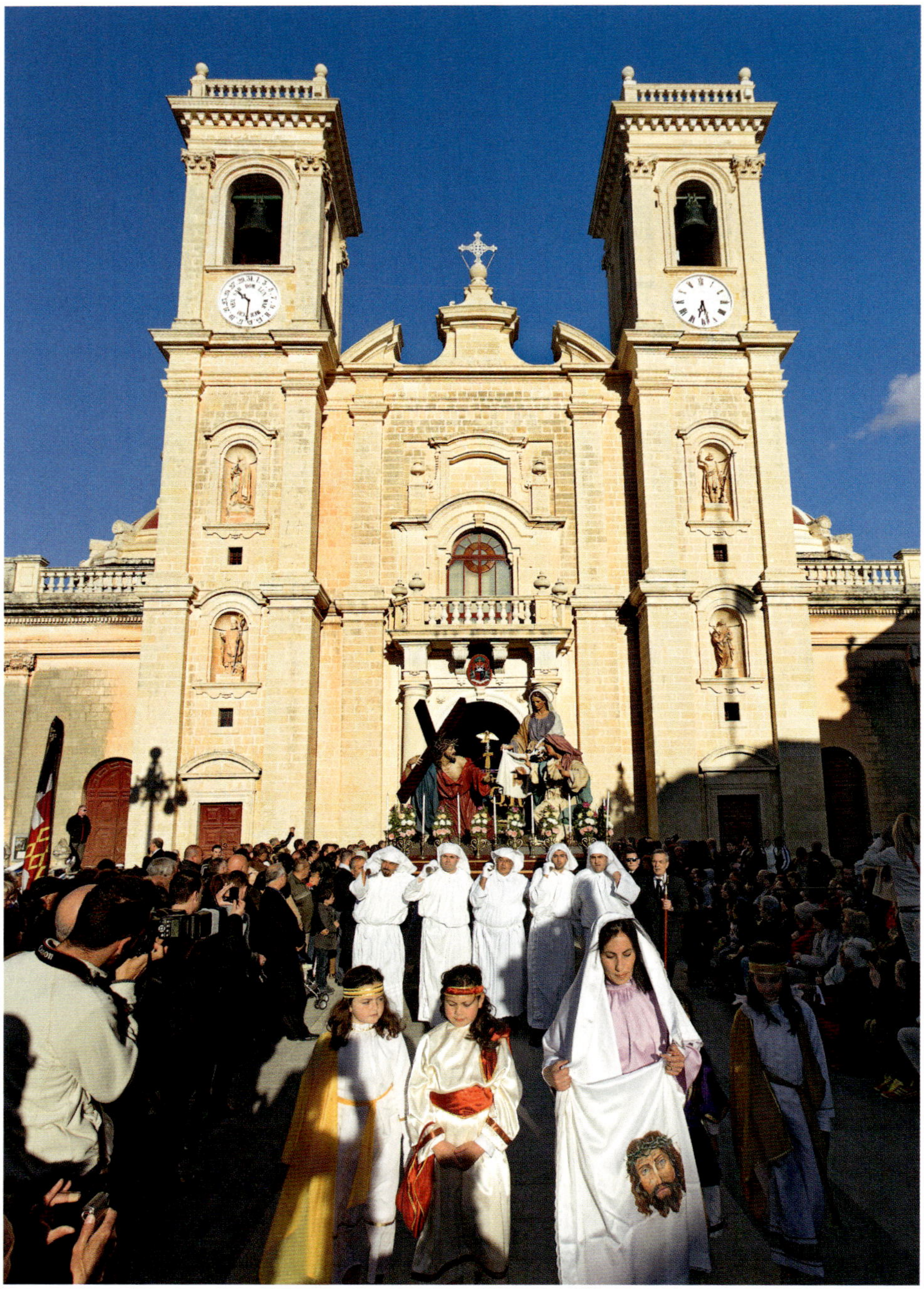

Die Pfarrkirche von Zebbug, 1599 erbaut, steht während der Osterprozessionen im Zentrum des Geschehens. Gebannt verfolgt das Publikum die örtlichen Passionsspiele.

Auch die aufwendigen Kostüme machen die Festas zu einem herausragenden Ereignis, nicht nur wie hier in Zebbug.

wendige Straßendekoration aus kleinen Wimpeln und riesigen Bannern, Heiligenfiguren aus Pappmaché, Girlanden, Lichterketten und Schmuckbögen gleich für alle drei Feste aufgebaut bleiben kann. Los geht es mit einem fünftägigen Fronleichnamsfest, dann folgt die Erntedank-Festa für die Apostel Petrus und Paulus am 28./29. Juni und schließlich am 3./4. Juli noch einmal eine Festa für Paulus allein. Prozessionen mit Blaskapellen gehören ebenso zu jeder Festa wie kleine Jahrmärkte, auf denen als traditionelle Spezialität Halva angeboten wird.

Feuerwerk am Wochenende

Rabat gilt als Mutter aller Festas, die sich seit der Mitte des 19. Jahrhunderts über

Rabat gilt als Mutter aller Festas, die sich seit Mitte des 19. Jahrhunderts über beide Inseln ausbreiteten.

beide Inseln ausbreiteten. Inzwischen feiert jeder Ort auf Malta und Gozo zumeist an Wochenenden sein jährliches Patronatsfest. Die Kirchen sind dann über und über mit von den Gläubigen gespendeten Blumen geschmückt, die Kirchenfassaden hell erleuchtet. Höhepunkt jeder Festa ist ein prächtiges Feuerwerk, mit dem jede Gemeinde das ihrer Nachbardörfer übertreffen will.

Raketen und Knaller werden fast ausnahmslos aus den drei Feuerwerksfabriken Maltas bezogen. Die beteiligen sich auch alljährlich im April/Mai am mehrtägigen Internationalen Feuerwerksfestival, das am Grand Harbour ausgetragen wird. In Rabat wird am 29. Juni zudem noch mitten im Ort ganz traditionell ein Pferderennen ausgetragen. Geritten wird ohne Sattel und Zaumzeug. Der Sieger erhält ein Banner, das er ein Jahr lang in der Pfarrkirche seiner Gemeinde ausstellen darf.

MALTA IM KRIEG

Bunker für jeden Malteser

Als im Juni 1940 die ersten Bomben auf Malta fielen, zählte es rund 270 000 Bewohner. Bis 1944 prasselten 15 000 Tonnen Bomben nieder, 1581 Zivilisten starben. Dass die Zahl nicht noch höher ausfiel, verdankten die Menschen ihrem Bunkersystem unter Städten und Dörfern.

Unter dem Restaurant Il-Barri in Mgarr können Schutztunnel aus dem Zweiten Weltkrieg besichtigt werden.

Joe war erst sieben, als die ersten deutschen und italienischen Bomben auf Malta fielen und die Bevölkerung in Angst und Schrecken versetzten. Mit seinen Eltern verbrachte er viele Tausend Stunden im „Air Raid Shelter" von Mellieha, der seit 2004 als Museum öffentlich zugänglich ist. Einer der beiden lokalen Band Clubs des Städtchens, die „Maria Bambina Choral and Orchestral Society of Mellieha", hat ihn instand gesetzt. Joe ist dort jetzt einer der Besucherbetreuer. Ein in den Kalkstein geschlagener Gang, gerade einmal hoch genug für einen aufrechten Gang und breit genug zum Arme ausstrecken, führt uns durch die Unterwelt.

Die Wände sind kahl und unverputzt, im untersten Teil steht Wasser auf dem nackten Boden. Ab und zu öffnen sich in den Wänden Eingänge in kleine Seitenkammern. Lebensgroße Puppen und altes Mobiliar machen deutlich, für wen sie bestimmt waren: für den Priester, für Gebärende und für Familien mit Kleinkindern, die manchmal die Genehmigung zu solch einem privaten Schutzraum ohne Tür erhielten – den sie sich freilich selbst graben mussten.

In den Gängen des Bunkers hauste die überwiegende Zahl der Bewohner, mit etwas Glück auf doppelstöckigen Betten. Eine kleine Tafel nennt die Höchstbelegungszahl im Juli 42: 3842 Dorfbewohner und 1117 Flüchtlinge aus dem städtischen Malta um den Grand Harbour. Jedem Einzelnen standen so 1,2 Quadratmeter zur Verfügung. Vor Verlassen des Bunkers beantwortet uns Joe noch einige Fragen. Toiletten? Gab es nicht, nur Eimer! Duschen? Nicht eine! Strom? Fehlanzeige, spärliches Licht spendeten Öllampen! Was war das Schlimmste? Der Gestank, die beklemmende Enge, Läuse, Flöhe, Bettwanzen – und die Angst. Besonders hebt Joe den April 1942 hervor: Da verbrachten er und seine Familie drei Tage und Nächte ohne Unterbrechung in diesem Bunker.

Wo die frühen Christen ihre Toten bestatteten, suchten die Lebenden im Krieg Schutz. So wurden beispielsweise die St. Agatha's Catacombs in Rabat, die bis heute Wandmalereien aus dem 4.–6. Jahrhundert schmücken, zu Schutzräumen umfunktioniert.

Brunnen und Katakomben

Den wahrscheinlich ersten Bunker hatte Antonio Cassar Torregiani für die Bewohner der Casa Rocca Piccola an der heutigen Republic Street in Valletta schon 1935 in weiser Voraussicht anlegen lassen. Zwei weitere kamen etwas später hinzu, einer für 30 und einer für bis zu 100 Personen. Diese Bunker waren relativ geräumig und hatten sogar eine Betondecke. Von den Bunkern aus führten mehrere Zugänge in das Tunnelsystem unter Valletta. Es war verwinkelt an-

Toiletten? Gab es nicht, nur Eimer! Duschen? Nicht eine! Strom? Fehlanzeige, spärliches Licht spendeten Öllampen!

Während die Bewohner Vallettas in den Bunkern Zuflucht fanden, wurde ihre Stadt fast vollständig zerstört: Rund 85 Prozent der Bausubstanz Vallettas fiel Fliegerbomben zum Opfer.

gelegt, um den Druck von Explosionen abzuschwächen. All diese Tunnel sind heute unzugänglich und wissenschaftlich weithin unerforscht. Man ist sich aber sicher, dass das unterirdische Wegenetz von Valletta sehr viel länger ist als das am Tageslicht.

Beim Bunkerbau kam insbesondere den Bewohnern Vallettas die Vorschrift aus Ritterzeiten zugute, dass jedes Haus einen privaten Brunnen oder eine Zisterne besitzen musste. Sie dienten nun als Eingänge zu Schutzräumen, die man in aller Eile aushob.

In Valletta und den Three Cities boten auch die gewaltigen Festungsmauern des Ordens die Grundlage für ausgedehnte Bunkeranlagen. Am bekanntesten sind da die Lascaris War Rooms in Valletta, von denen aus General Dwight D. Eisenhower zeitweise die alliierte Invasion auf Sizilien befehligte.

Ein anderes historisches Erbe machten sich die Bewohner von Rabat zunutze, wie man beim Besuch des Wignacourt Museums mit den Wignacourt Catacombs sehen kann. Hier legte man Tunnel und Schutzräume unter den frühchristlichen Katakomben an. Mit dem ausgehobenen Material füllte man die antiken Begräbnisstätten aus und nutzte sie so als eine Art Druckdämpfer für Explosionen.

Die Bunker heute

Nach Kriegsende wurden die Zugänge zu den meisten Bunkern verschlossen, viele Tunnelsysteme gerieten in Vergessenheit. Jetzt kümmert sich die Umwelt- und Planungsbehörde von Malta (MEPA) intensiv um sie. Baufirmen und Privatleute, die einen Tunnel wiederentdecken, müssen das melden, einige werden unter Denkmalschutz gestellt. Inzwischen hat die Bevölkerung den historischen Wert dieser Anlagen erkannt. „Air Raid Shelters" unterm Haus steigern jetzt den Verkaufspreis eines Hauses oder Grundstücks.

Fakten

Bunker mit Besichtigungsmöglichkeit

Valletta: Lascaris War Rooms, Lascaris Ditch tgl. 10.00–17.00 Uhr, www.lascariswarrooms.com;
Casa Rocca Piccola, 74 Republic Street, Führungen stündl. Mo.–Sa. 10.00–15.00 Uhr, www.casaroccapiccola.com

Vittoriosa/Birgu: Malta at War Museum, Couvre Port, Di.–So. 10.00–16.30 Uhr, www.maltaatwarmuseum.com

Mellieha: War Shelter, Triq Il-Madonna tal-Ghar/Church Square 10, tgl. 9.00–15.30 Uhr

Mgarr: Restaurant Il-Barri, Church Square, Di.–Sa. 9.00–13.00, So. 10.00–11.30 Uhr

Rabat: Wignacourt Kollegium, Triq il-Kullegg, tgl. 9.30–17.00 Uhr

Die Festungsmauern in Valletta boten ebenfalls eine gute Möglichkeit, Bunker einzurichten. In den Lascaris War Rooms, heute Museum, kam der alliierte Befehlsstand unter.

Golden Bay
Għajn Tuffieħa
Għajn Tuħħieħa Bay
Roman Baths
Zammitello Palace
Mġarr
Gnejna Bay
Ras il-Pellegrin
Lippija Tower
Il-Pellegrin
127
Gnejna Valley
Wied il-Ħmar
L-Iskorvit
Ta'l-Abatija
Fomm ir-Riħ Bay
Ras ir-Raħeb
Tas-Santi
Temple
Il-Qlejgħa
Bahrija Valley
St. Martin's
214
Baħrija
Rdum tal-Vigaarju
Rdum tas-Sar
Tal Merħla
212
Tal Merħla
Migra l-Ferħa
Ras id-Dawwara
183
Wied ir-Rum
Ta' Baldu
199
Tas-Serb
L-Iskorba
Skorba Temples
Ta'Ħagrat Temples
Żebbiegħ
San Martin's Church
Wied Qannotta
Burmarrad
Ġebel Għawżara
118
St. Paul's Church
Ħal Dragu
Wied Ta'l-Arkata
Wied il-Għasel
Victoria Lines
Għajn Riħana Valley
Tarġa Gap
Mosta Fort
Naxxar Gap
St. Catherine's Church
Catacombs
Dolmen
Tarġa Battery
Il-Busbesija
Bingemma
Falka Gap
122
Dwejra Lines
Victoria Lines
Bingemma Fort
Tombs
Bingemma Gap
Nadur
Il-Qolla
191
Il-Qolla
Tombs
Għemieri Palace
Għemieri
Tombs
Qleigħa Valley
L-Andrijet
Nigred
Wied il-Busbies
Mtarfa
Tombs and Cart Ruts
Għajn Qajjied
Roman Villa
Tombs
Mdina
Cathedral of St. Peter and Paul
St. Paul's Church
St. Paul's Catacombs
Rabat
Annunciation Church
Wied Liemu
St. Catherine Church
Monastery
Tombs
Tombs
Tas Saqqajja
Tal Virtu'
Tal Virtu Church
Għien il-Kbir
Wied-tal-Isgot
Misraħ Suffara
Dingli
Verdala Palace
221
Buskett Gardens
Wied ir-Luq
Buskett
Rdum Depiro
Rdum Dun Nazij
Madalena Chapel
Clapham Junction
Cave Dwellings
Inquisitor's Palace
Salib ta' Laferla
229
Underground Chapel
Girgenti Valley
Dingli Cliffs
263
Rdum Dikkiena
Buxih
Underground Chapel
Ġebel Cantar
236
Il-Kullana
Tal Bajjada
Tal-Isperanza
Tal-Wata
Rotunda
Tal-Wej
St. Margaret's Church
Is-Sgħajtar
St. Anton's Church
Mosta
Ta' Mlit
Model Aircraft Field
National Stadium
Auto Cross
Aircraft Museum
Ta' Qali Craft Centre
Ta'Qali
Wied il-Ħemsija
Mt. Carmel Hospital
Wied Incita
Wied is-Sewda
St. James Church
Misraħ Kola
Attard
Ħal Muxi
Ħaż-Żebbuġ
St. Philip's Church
De Rohan Gate
Tal Ħlas Church
Ħal Mula
Ħal Dwien
Wied Baqqija
Wied Qirda
Wied il-Ħesri
Il-Ħesri
Siġġiewi
Limestone Heritage
Wied Ħanżir
Wied Xkora
Tas Salvatur
Tal Providenza
Qrendi
Maghab
Għargħur
Cart Ruts
San Pawl Tat-Tarġa
Malta international Trade Fair Grounds
Naxxar
Lija
Tal-Mirakli
Balzan
San Anton Palace and Gardens
Il-Qasbija
Birkirkara
Wignacourt Aqueduct
Santa Venera
Casa Leoni
Taż Żwejt
University of Malta
Pembroke
Pembroke Fort
Madliena
L-Ibraġ
Is Swieqi
St. Julian's
Ta' Giorni
Cart Ruts
San Ġwann
Kappara
Msida
TCM
Gwardam
Ħamrun
Tad-Dwieli
L-Istabar
Ghammieri
Marsa Sports
St. Vincent de Paul Hospital
St. Bartholomew Hospital
Luqa
Wied il-Kor
MLA
Malta International Airport
Quarried Area
Mqabba
Tal Mentna
Tal-Kittinija
Hal Millieri
Tal-Fleres
1
5
7
8
16
17
18
19
20
21
25
27
28
31
32
Maßstab 1:57.000
0
1km

Zwischen Wein und wilder Küste

Weithin sichtbar überragen die Stadtmauern Mdinas das Zentrum der Insel. Schon die Römer siedelten hier, die Nachbarstadt Rabat steht auf antiken Katakomben. Von hier bis zu den Dingli Cliffs erwartet den Besucher viel schöne Natur, in Richtung Osten bilden Mosta und Attard den Auftakt zum verstädterten Malta.

1 Mdina

Als „Medina" werden noch heute viele Altstädte in Nordafrika bezeichnet. Als die Araber im 8. Jh. nach Malta kamen, fanden sie hier die Überreste der römischen Inselhauptstadt vor. Heute bietet Mdina (230 Einw.) das perfekte Bild einer ummauerten Barockstadt. Adelspaläste und Klöster säumen die nahezu autofreien Gassen, kein Neubau stört das historische Bild.

STADTRUNDGANG

Der Besucher betritt die Stadt durch das barocke **Main Gate**. Links steht der **Torre del Standardo** als Wachtturm aus dem 16. Jh., rechts der **Vilhena Palace** von 1732. Ins Stadtzentrum führt die Triq Villegaignon vorbei am 1418 gegründeten **Benediktinerinnen-Kloster** zum **Kirchplatz**. Er fällt zur barocken, 1702 fertiggestellten Kathedrale **St. Peter und St. Paul** hin ab. Ihr Boden ist mit farbigen Steinschnitt-Grabplatten aus dem 19. Jh. bedeckt. In der Kapelle links vom Chor wird eine von den Rittern aus Rhodos mitgebrachte Ikone der Gottesmutter (12. Jh.) verehrt. An der Triq Villegaignon folgen links ein **Karmeliterkloster** und rechts der **Palazzo Falson** (1495). Hier bezog Großmeister L'Isle Adam 1530 nach der Übernahme der Insel sein erstes Quartier; heute ist dieses der am besten erhaltene mittelalterliche Bau in Mdina. Die Straße endet am **Bastion Square** (Pjazza tas-Sur), wo man von der Stadtmauer aus weit über Zentral- und Nordmalta blickt. Hier wendet man sich nach rechts, folgt der Stadtmauer zum Hotel Xara Palace, kehrt zur Triq Villegaignon zurück, überquert sie und läuft durch die Triq Inguanez zum **Greek Gate**, durch das man Mdina verlässt.

MUSEEN

Das **Naturgeschichtliche Museum** im Vilhena Palace (Vilhena Square, tgl. 9.00–17.00 Uhr) zeigt Fossilien und Tierpräparate. Das **Kathedralmuseum** (Archbishop Square, Mo.–Fr. 9.00–16.30 Uhr) präsentiert u.a. eine kostbare Bibel auf Pergament aus dem 12. Jh. und zahlreiche Kupferstiche und Holzschnitte Albrecht Dürers. Das **Palazzo Falson Historic House Museum** (Triq Villegaignon, Di.–So. 10.00–16.00 Uhr) besitzt eine große Antiquitätensammlung.

HOTELS UND RESTAURANTS

Einziges Hotel ist das **€ € € € Xara Palace** (siehe Unsere Favoriten S. 114/115) in einem Adelspalast (17. Jh.).

Einen herrlichen Blick übers Land bieten die Fontanelle Tea Gardens in Mdina; englische Telefonzelle in Mdinas barocker Kulisse

Tipp

Ein edles Etablissement

Das „Corinthia Palace Hotel San Anton Gardens" rund 5 km westl. von Mdina ist eines der ältesten Luxushotels Maltas und Stammhaus der internationalen Corinthia-Hotelkette. Für die maltesische Oberschicht sind sein Restaurant und seine Bar noch immer ein beliebter Treffpunkt. Zum üppigen Garten gehört ein großer Pool, zum Spa-Bereich ein Hallenbad. Nur 150 Meter weiter locken die San Anton Gardens des maltesischen Präsidentenpalastes mit exotischen Bäumen und gewaltigen Yucca-Palmen. Eine Passage führt durch den Präsidentenpalast zum Café-Restaurant „The President's Kitchen Garden", das mit seinen Spielplätzen ein beliebtes Ziel für maltesische Familienausflüge ist.

Hotel: de Paule Avenue, San Anton, Attard, Tel. 21 44 03 01
www.corinthia.com
Café-Restaurant: Tel. 21 42 33 71

Mehrfach als bestes Restaurant des Landes ausgezeichnet, offeriert das **€ € € € De Mondion** (Misrah il-Kunsil, Tel. 21 45 05 60) auf dem Dach des Xara Palace mediterrane Feinschmeckerküche. In den Gewölben eines Pulvermagazins der Ritter und unter Palmen auf einer Bastion der Stadtmauer serviert das **€ € € Bacchus** (1 Sqaq Inguanez, www.bacchus.com.mt, Tel. 21 45 49 81) mediterrane und französische Küche auf hohem Niveau. Beste Adresse für exotische Genüsse ist das **€ € Sharma Ethnic Cuisines** (19 Casa Magazzini, Triq L-Imhazen, Tel. 21 45 38 17, www.sharma.com.mt) mit nordafrikanischer und indischer Halal-Küche. Vor allem Kaffee und Kuchen kann man in den **€ Fontanella Tea Gardens** (1 Triq is-Sur, Tel. 21 45 42 48) direkt auf der Stadtmauer genießen.

Glasbläser im Handwerkerdorf Ta' Qali, St.-Paulus-Katakomben in Rabat, „Ältestenrat" vor Rabats Pauluskirche

ERLEBEN

Pferdedroschken stehen vor Mdinas Haupttor zu etwa 30-minütigen Rundfahrten durch die Gassen der Stadt bereit (bis zu vier Fahrgäste, 30 €).

UMGEBUNG

Unmittelbar südöstlich von Mdina liegt auf einem im Zweiten Weltkrieg von der britischen Air Force genutzten Gelände das **Aviation Museum** (www.maltaaviationmuseum.com, tgl. 9.00–17.00, Juni–Sept. So bis 13.00 Uhr) mit restaurierten Flugzeugen aus dem Zweiten Weltkrieg und einem frühen Flugsimulator fürs Pilotentraining. Auf dem Gelände liegt auch das **Handwerkerdorf Ta' Qali** mit zwei Glasbläsereien, einer Porzellanmanufaktur und zahlreichen anderen Kunsthandwerksläden und -ateliers.

Östlich von Ta' Qali folgt als erster Ort des verstädterten Malta **Attard** mit der Residenz der maltesischen Staatspräsidentin und den tagsüber frei zugänglichen, üppig grünen San Anton Gardens (siehe auch Tipp S. 77). Zu besichtigen ist zudem ein Adelssitz aus dem Jahr 1745 mit integrierter Keramikwerkstatt, die **Villa Bologna** (30 St. Anthony St., www.villabologna.com, Mo.–Fr. 9.00–17.00, Sa. 9.00 bis 13.00 Uhr). Den Straßenverlauf von Attard nach Santa Venera begleitet auf mehreren Kilometern das **Wignacourt-Aquädukt**, das Großmeister Alof de Wignacourt zu Beginn des 17. Jhs. anlegen ließ, um Trinkwasser aus einer Quelle an den Dingli Cliffs nach Valletta zu leiten.

INFORMATION

Mdina Tourist Information,
Torre dello Standardo, St. Publius Square,
Tel. 21 45 44 80

2 Rabat

Auch der Name von Rabat (11 200 Einw.) ist arabischen Ursprungs. Das typische, ursprünglich gebliebene Landstädtchen schließt sich jenseits des lang gestreckten Saqqajja-Platzes unmittelbar an Mdina an und dehnt sich über ein großes Plateau aus. Auf einer zweiten Ebene liegen zahllose frühchristliche Katakomben, von denen einige zu besichtigen sind.

SEHENSWERT

Einen Rundgang beginnt man an der **Domus Romana** (Museum Esplanade, tgl. 9.00–17.00 Uhr) am unteren Ende des **Saqqajja-Platzes.** Die Domus ist die Teilrekonstruktion einer römischen Villa. Durch die Triq SanPawl kommt man vorbei am Adelspalast **Casa Bernard** (Mo.–Sa. 10.00–13.00 Uhr) zur zentralen **Pjazza San Pawl** mit der gleichnamigen Pfarrkirche aus dem 18. Jh. In einer Ecke des Platzes steht das **Wignacourt-Collegium** mit Originalporträts zahlreicher Großmeister und dem Zugang zu römischen Katakomben, Bunkern aus dem Zweiten Weltkrieg und zur Paulus-Grotte, in der der Apostel während seines Malta-Aufenthalts im Jahr 50 mehrere Wochen lang gelebt haben soll (Triq il-Kullegg, tgl. 9.30–17.00 Uhr). Besonders eindrucksvoll ist das Raumerlebnis in den frühchristlichen **St.-Paulus-Katakomben** (Triq Sant' Agata, tgl. 9.00–17.00 Uhr). Drei Fresken aus dem 12. Jh. schmücken die **St.-Agatha-Katakomben** (Triq Sant' Agata, Mo.–Fr. 9.00 bis 16.30, Sa. 9.00–12.30 Uhr).

HOTELS

Am Übergang zwischen Mdina und Rabat steht die leger geführte Pension **€ € Point de Vue** (5 Saqqajja Square, Tel. 21 45 41 17, www.pointdevue-mdina.com).

Ländlich wohnt man im **€ € Maple Farm B & B** mit schönem Garten und Pool (Buskett Road, 15 Min. entfernt, Tel. 27 48 00 49, www.maplefarmbedandbreakfast.com).

RESTAURANTS

Einen fantastischen Blick auf Valletta bietet das moderne Restaurant **€ € Il-Veduta** (Is-Saqqajja, www.veduta.com.mt, Tel. 21 45 46 66) direkt neben der Stadtmauer von Mdina. Im Zentrum Rabats schräg gegenüber der Kirche St. Paul residiert das **€ € € Cosmana Navarra** (25 Triq San Pawl, Tel. 79 42 92 39) in einem kleinen Adelspalast. Am Stadtrand nimmt das **€ € € Rogantino's** (Wied il-Buzbiez, Landrijiet, Tel. 21 45 20 03) ein Jagdhaus (16. Jh.) ein.

ERLEBEN

Im Umfeld von Mdina/Rabat liegen die größten Open-Air-Diskotheken der Insel, die nur selten von Touristen besucht werden. Im **Gianpula** (www.gianpula.com) ist schon Boy George aufgetreten. Das **Numero Uno** (Ta' Qali) bietet mehreren Tausend Gästen Platz.

UMGEBUNG

Im Süden Rabats überblickt der für Besucher geschlossene Verdala Palace von 1586 die frei zugänglichen **Buskett Gardens**, Maltas größtes Waldgebiet. Parkähnlich mit vielen Zitrusbäumen angelegt, ist er ein beliebtes Picknickareal An der Straßenkreuzung südlich des Dorfs weisen Schilder zur 300 m entfernten **Clapham Junction** (frei zugänglich), wo sich im Felsboden viele bronzezeitliche Karrenspuren in Gleisform erhalten haben. Die Hauptstraße führt hinauf zu den **Dingli Cliffs** TOPZIEL, wo das maltesische Hochplateau in zwei Stufen steil zum Meer hin abfällt. Hier ist die Natur noch intakt. Nahe **Siggiewi** (6 km südöstl.) erklärt das Freilichtmuseum **Limestone Heritage** (Triq Mons Mikel Azzopardi, www.limestoneheritage.com, Mo.–Fr. 9.00–16.00, Sa. 9.00–12.00 Uhr) in einem ehemaligen Steinbruch anschaulich und amüsant Abbau und Verarbeitung des Malta Stone, aus dem fast alle maltesischen Häuser erbaut sind. Ein Besuch von **Zebbug** (6 km östl.) lohnt zur Osterprozession.

An den steil zum Meer hin abfallenden Dingli Cliffs zeigt sich Malta von seiner landschaftlich schönsten Seite.

3 Mgarr

Mgarr (3500 Einw.) ist ein großes, authentisch gebliebenes Bauerndorf mit vielen Feldern und einem urigen Strand in der Umgebung.

SEHENSWERT

Dominierender Bau im Dorf ist die 1927 geweihte Pfarrkirche Mariä Himmelfahrt am Hauptplatz, die ihrer Kuppelform wegen landläufig auch „Eierkirche" genannt wird. 150 m davon entfernt liegen die spärlichen Überreste des neolithischen Tempels **Ta' Hagrat**. Am Ortsrand sind die unscheinbaren Ruinen der beiden **Skorba-Tempel** zu sehen (beide Tempel tgl. 9.00–17.00 Uhr, kein Ticketverkauf am Eingang, Infos: www.heritagemalta.org). Durch das Restaurant Il-Barri am Dorfplatz gelangt man in einen der vielen **Weltkriegs-Bunker** Maltas (siehe DuMont Thema S. 70; Di.–Sa. 9.00 bis 14.00, So. 10.00–11.30 Uhr).

RESTAURANT

Architektonisch modern, kulinarisch traditionell – so präsentiert sich das Restaurant **€ € Il-Barri** am Dorfplatz, das u. a. exzellente Bragioli und sogar Kaninchen mit Schweinebauch serviert (Misrah il-Knisja, Tel. 21 57 32 35).

UMGEBUNG

Gut 2 km westlich des Dorfes liegen einige der schönsten Badebuchten Maltas: die **Gnejna Bay** mit Sandstrand sowie die nur zu Fuß erreichbare **Ghajn Tuffieha Bay** und die **Golden Bay** (siehe S. 90).

4 Mosta

Das geschäftige Mosta (19 800 Einw.) ist eine Verkehrsdrehscheibe und ein Knotenpunkt des Linienbusverkehrs. Touristisch hat es nur wegen seiner Kirche Bedeutung.

SEHENSWERT

Die weithin sichtbare, ockerfarbene Kuppel der **Rotunda Sta. Marija Assunta** ist mit 39 m Durchmesser die viertgrößte Europas. Die Kirche wurde von den Stadtbewohnern 1833 bis 1871 in Eigenarbeit erbaut; der Entwurf lehnt sich an das Pantheon in Rom an (tgl. 9.00 bis 12.00 und 15.00–17.00 Uhr).

ERLEBEN

Das traditionelle Restaurant **€ € € Ta' Marija** (Triq il-Kostituzzjoni, Tel. 21 43 44 44, www.tamarija.com) präsentiert regelmäßig maltesische Folklore und mit Gitarren gespielte Tanzmusik für alle Generationen.

UMGEBUNG

Im Nordosten des Dorfes bildet das mächtige **Mosta Fort** aus dem 19. Jh. (nicht zugänglich) den zentralen Festungsbau der **Victoria Lines,** einer von den Briten 1870 errichteten Verteidigungslinie am Steilabfall, der Zentral- von Nordmalta trennt. Auf den Befestigungsanlage der Victoria Lines kann man auf kleinen Wegen bis fast an die Westküste wandern.

Genießen   Erleben   Erfahren

DuMont Aktiv

Englisch lernen

Englisch-Sprachkurse werden nicht nur im Schlechtwetterreich der Queen angeboten, sondern auch auf Malta, wo meist die Sonne scheint und man übers neu Gelernte auch beim Schwimmen im Mittelmeer nachsinnen kann. Über 40 staatlich lizenzierte Institute stehen zur Wahl.

80 000 Lernwillige aus aller Welt und jeder Altersklasse kommen alljährlich nach Malta und Gozo, um hier ihre Englischkenntnisse aufzubessern. Kurse werden für jedes Niveau, jedes Alter und jedes Lerntempo angeboten, auch Crash-Kurse sind im Angebot. Die Mindestdauer beträgt meistens eine Woche, unterrichtet werden die Schüler in der Regel von maltesischen Lehrern. Wohnen kann man im Hotel seiner Wahl, in Apartments oder auch bei Gastfamilien. Außerdem lassen sich die Sprachschulen einiges einfallen, um ihre Schüler bei Laune zu halten. Die eine hat ihren eigenen Beach Club, die andere einen Riesenpool oder einen Volleyball- und Basketball-Court gleich auf dem Schulgelände. An Wochenenden geht es in die angesagten Diskotheken von Rabat oder Paceville und immer wieder stehen gemeinsame Schulausflüge auf dem Programm, etwa nach Mdina und Rabat.

Die meisten Sprachinstitute sitzen in Sliema und St. Julian's, es gibt aber auch welche in Valletta, in St. Paul's Bay, in Mellieha und auf Gozo. Kurse finden das ganze Jahr über statt.

Weitere Informationen

Sprachschulen (Auswahl):
A-Class Academy of English, 11 Suffolk, Road, Pembroke, Tel. 21 37 45 88, www.aclassenglish.com

Malta Lingua, 2 Birkirkara Hill, St. Julian's, Tel. 27 42 75 70, www.maltalingua.de

Sprachreisen (Auswahl):
Lisa! Sprachreisen, Tschaikowskistr. 30 04105 Leipzig, Tel. 0341 7 02 68 68 www.lisa-sprachreisen.de

Malta Direkt, Hauptstr. 81, 65760 Eschborn, Tel. 06169 5 86 97 00 www.maltadirekt.de

Vormittags büffeln, nachmittags Sonne, Strand und Meer genießen – auf Malta lässt sich beim Englischlernen das Nützliche mit dem Angenehmen verbinden.

DOLCE VITA
CUBA
BISTRO PIZZERIA
PIZZERIA

Nightlife und Natur

Zwischen Sliema und St. Paul's Bay erstreckt sich Maltas Costa Touristica, bevor im äußersten Norden endlich die Natur das Übergewicht gewinnt. Exzellente Sandstrände, Wassersportstationen und Beach Bars sind dort nur Tupfer in einem von Landwirtschaft und Naturparks geprägten Ambiente, während Orte wie Sliema und Paceville vielfältige Einkaufs- und Vergnügungsmöglichkeiten bei Tag und Nacht bieten.

St. Julian's, einen Katzensprung von Valletta entfernt, gehört zu den Hot Spots des Tourismus auf Malta.

Schauplatz Balluta Bay: Sliema ist bei Touristen beliebt, aber auch bei den Maltesern selbst. Viele Dienstleister haben hier ihren Sitz, Büros und Wohnblocks prägen das Bild, die Mieten sind hoch, die Atmosphäre ist urban.

Schwimmen im Meer – oder doch lieber ins Spaßbad Splash & Fun? Sliema hat sich auf die unterschiedlichen Bedürfnisse der Gäste eingestellt.

Gehobenes Einkaufen verspricht ein Besuch in Sliemas Shopping Mall „The Point".

Als durchgehender Betonring schlingt sich die kilometerlange Uferpromenade um Sliemas Halbinsel. Morgens wird hier gejoggt, abends geschlendert.

Special

Tierschutz

Delfinarien in der Kritik

Mit Delfinen zu schwimmen, soll heilend auf die Psyche wirken. Auf Malta ist es möglich.

In einem großen Becken im Mediterraneo Marine Park in Bahar ic-Caghaq tummeln sich sieben Delfine im salzigen Wasser. Drei von ihnen wurden schon hier geboren. Die etwa sechs Kilogramm Fisch, die sie jeden Tag verzehren, verdienen sie sich selbst. Man kann zu ihnen ins Becken steigen, mit ihnen schwimmen oder sie durch Reifen springen lassen. Obwohl teuer, sind die täglichen Termine bestens gebucht.

Das freut internationale Organisationen zum Schutz der Delfine allerdings nicht. Sie verweisen darauf, dass Delfine in freier Wildbahn bis zu 600 Meter tief tauchen und an einem Tag bis zu 100 Kilometer weit schwimmen. Das kann ihnen kein Pool der Welt ermöglichen. Sie können nicht mehr jagen, Augen und Haut der Delfine leiden unter den

Nett für den Mensch, schädlich fürs Tier?

Chlorbeigaben im Wasser. Bei Rangordnungsauseinandersetzungen besteht keine Möglichkeit zur Flucht, das soziale Gefüge gerät in Gefangenschaft aus den Fugen.

Organisationen wie die deutsche Gesellschaft zur Rettung der Delphine e. V. (www.delphinschutz.org) raten deshalb vom Besuch von Delfinarien dringend ab und empfehlen, sich für Therapiezwecke lieber Haustieren wie Pferd, Hund und Katze zuzuwenden.

In Sliema und St. Julian's spielt die Geschichte als Baumeister nur eine ganz bescheidene Rolle. Fast alles hier ist Nachkriegsware. Eine kilometerlange Uferpromenade, die sich um mehrere größere und kleinere Buchten herum windet, wurde zur breiten Flaniermeile mit Cafés, Kinderspielplätzen, Gartenanlagen, unzähligen Sitzbänken und felsigen Badeplätzen ausgebaut, lockt morgens und abends Scharen von Joggern und Städter mit modisch gestylten Hündchen an. An der Felsküste treffen sich mit Einbruch der Dämmerung und an Wochenenden die Einheimischen zum Grillen. Wer preiswert einkaufen will, geht zu Marks & Spencer, Lidl oder Woolworth. Wer weltbekannte Labels sucht, lässt Geld und Zeit im „The Point", einer hochmodernen, mehrstöckigen Shopping Mall am Ausgang des Marsamxett Harbour, wo Wohntürme mit teuren Luxusapartments sich gegenseitig den Blick aufs Meer versperren.

Dichtes Gedränge ist hingegen das abendliche Markenzeichen in St. Julian's und seinem Nightlife-Viertel Paceville. Da wartet Maltas größter Cine-Komplex sogar mit einem „4D-Erlebnis" auf, ist den ganzen Winter über eine Eisbahn und ganzjährig Maltas größtes Bowlingzentrum in Betrieb. An Wochenenden verwandeln bis zu 50000 Besucher aus

Mellieha ist die größte Stadt im Inselnorden. Oben links ein Blick auf die Pfarrkirche St. Marija, rechts die dicht besiedelte Mellieha Bay. Richtung Südosten grenzt die St. Paul's Bay an, das zweitgrößte Touristenzentrum Maltas, ein Konglomerat aus Felsufern und Promenaden, gespickt mit Restaurants und Hotels. Qwara und Buggiba (unten links) liegen an dieser Bucht, ebenso das ehemalige Fischerdorf St. Paul's Bay mit dem Wignacourt Tower (unten rechts).

aller (Schüler-)Welt das ganze Areal in einen riesigen Open-Air-Club mit Nachtbusanschluss in alle Inseldörfer. Wer (sich) abheben will, fährt mit dem Lift in eine elegante Cocktail-Bar im 22. Stock des Portomaso Towers hinauf, Maltas bislang höchstem Hochhaus – und drunten am Meer sitzen die Betuchteren auf ihren Motor- und Segeljachten in der Marina, an die sich – wie sollte es anders sein – das Hilton-Hotel schmiegt. Wer noch nicht dazu gehört, versucht sein Glück vielleicht im Dragonara Palace, Maltas ältestem Casino, das inzwischen leider mehr auf einarmige Banditen als auf gepflegte Roulette- und Black-Jack-Tische setzt.

Absolute Hochsaison herrscht in Paceville wie überall auf Malta Mitte August. Um den 15. August herum, den Tag Mariä Himmelfahrt, fährt jeder Italiener, der es sich noch irgendwie leisten kann, für ein paar Tage in Urlaub. Die Franzosen sind unterwegs und auch die Malteser selbst lassen die Arbeit ruhen. So verdreifachen sich Mitte August in vielen Hotels die Preise, sind Plätze in guten Restaurants nur mit Reservierung erhältlich. Gleich sieben Dörfer auf Malta feiern an diesem Tag ihre Festa und der Himmel über Malta verwandelt sich zu Ehren der heiligen Jungfrau in ein großflächiges Feuerwerk.

Thunfisch macht sich rar

Ganz ohne Blick auf historische Gebäude bleibt der Reisende auch im Norden Maltas nicht. Rund um die ganze Insel haben die Johanniter im Laufe der Jahrhunderte Dutzende kleiner und auch größerer Wachttürme anlegen lassen. So konnten sie nicht nur mögliche Angreifer, sondern auch Beuteschiffe früh entdecken und Nachrichten per Rauch- und Lichtzeichen rund um die Insel schicken. Einer der kleinsten dieser Türme ist der Trunciera-Turm aus dem Jahr 1716 an der Bucht von Mellieha. Er beherbergt heute ein – leider meist wegen Personalmangels geschlossenes – Museum des Thunfischfangs. Der spielte noch bis 1961 in

Vom Red Tower bei Marfa aus kann man sich einen guten Überblick verschaffen.

Der Selmun Palace rechts der Straße von St. Paul's Bay nach Mellieha wurde Anfang des 17. Jahrhunderts im Auftrag der Johanniter erbaut. Später diente er zeitweise als Luxushotel.

Popeye Village liegt ebenfalls unweit von Mellieha. 1979 als Kulissenstadt für den Comicfilm „Popeye" errichtet, hat sich das Ensemble inzwischen zum Vergnügungspark entwickelt.

Gnejna Bay (Bild), Golden Bay und Ghajn Tuffieha Bay bilden ein wohlbekanntes Dreigestirn unter den beliebtesten Stränden an der Nordwestküste. Hotelburgen fehlen hier weitgehend, Wachtürme aus der Johanniterzeit zieren die Felsnasen.

dieser Bucht eine bedeutende Rolle. Das ist aber Vergangenheit, denn die Fische kommen nicht mehr. Dafür widmen sich seit den 1980er-Jahren mehrere Fischfarmen der Mästung lebend gefangener Thunfische, die binnen kurzer Zeit 20 Prozent an Gewicht zulegen, bevor sie an Restaurants ausgeliefert werden. Dadurch gibt es auf Malta und Gozo immer frischen Thunfisch in bester Qualität.

Popeye und Brangelina

Blitzblank präsentiert sich jeden Tag im Jahr das Popeye Village westlich von Mellieha. Es ist kein echtes Dorf, sondern eines, das aus einer Filmkulisse heraus entstanden ist. 1979 filmte Regisseur Robert Altmann hier zwischen den teilweise original aus dem nordamerikanischen Neufundland importierten Holzhütten eines Fischerorts die Geschichte des Comic-Helden Popeye, dessen Hauptbeschäftigung das Spinatessen war. Heute tummeln sich hier Touristen.

Auch das Hotel Primera in Buggiba wird wieder von Urlaubern bewohnt. Im Hollywood-Blockbuster „München" von Steven Spielberg diente es als Kulisse für eine Szene, die laut Drehbuch in Athen spielte. Überhaupt ist Malta als Filmkulisse recht beliebt. Gozo wurde 2015 ins rechte Filmlicht gerückt: Angelina Jolie hatte die Insel zum Schauplatz ihres neuen Films „Romance" bestimmt, in dem sie mit ihrem Gatten Brad Pitt die Hauptrolle spielt. Etwa acht Wochen lang hielten sich „Brangelina" mit Familie und einem großen Tross dafür im Inselstaat auf; wieder einmal verdienten sich mehrere Hundert Insulaner ein gutes Zubrot.

Immer wieder Wunder

Weit mehr als Glanz und Glamour hat die in den Fels hineingebaute Wallfahrtskirche Santa Marija in Mellieha zu bieten, eines der im Kern ältesten Gotteshäuser der Insel. Die direkt auf den Stein gemalte Mariendarstellung hinter dem Altar gilt vielen Gläubigen als Werk des Evangelisten Lukas, der die heilige Jungfrau ja noch persönlich kennengelernt hatte und sie daher wahrhaft porträtieren konnte. Kunsthistoriker datieren das Bildnis allerdings ins 13. Jahrhundert. Schon die Johanniterritter wiesen ihm wundertätige Kräfte zu und äußerten vor dem Gnadenbild gern ihre Wünsche. Gebete erhört sie nach Überzeugung vieler Malteser noch heute. So sind im Museum in der Sakristei zahlreiche Gemälde zu sehen, die von ihr aus Seenot gerettete Schiffe abbilden, und Votivtäfelchen, die die von der Gottesmutter geheilten Körperteile wie Augen oder Herzen zeigen. Besonders rührend ist ein Foto mit zwei kleinen Kindern, mit dem sich dankbare Großeltern bei der Lady of Mellieha bedanken. „Not one little miracle but two" ist da zu lesen: „Nicht nur ein kleines Wunder, sondern zwei."

Pure Ländlichkeit

Weitab von allen Übeln dieser Welt wähnt sich der Besucher des kleinen Dorfes Manikata auf einer Anhöhe zwischen Mellieha und der Golden Bay. Von der kleinen Aussichtsterrasse mit Spielplatz und Bänken gleich gegenüber der futuristisch anmutenden Dorfkirche schweift der Blick fast ungehindert über Felder und Brachland. Die Täler, die hier die Insel von West nach Ost durchziehen, Pwales und Mistra Valley, sind bes-

Hollywood am Mittelmeer: Malta ist als Filmkulisse beliebt.

An Maltas Nordwestküste befinden sich die bekanntesten Sandstrände. Einer davon liegt an der Golden Bay. Auch hier ist es mit Schwimmen allein nicht getan: Man vertreibt sich die Zeit mit Reiten, Wassersport und vielem mehr.

Spa-Abteilung des Radisson Blue Golden Sands in der Golden Bay: Luxushotels gehören zum festen Inventar auf Malta.

Kein Schatten spendender Baum, nirgends. Großflächige Abholzungen der Wälder schon unter den Römern haben dafür gesorgt, dass die Landschaft heute in der Sonne schmachtet. Sonnenschutz mitzubringen, ist auch hier an der Golden Bay ein Muss!

tes Ackerland. Auf den Flachdächern der Bauernhäuser liegen gewaltige Kürbisse in der Sonne, auf den Feldern wachsen Kartoffeln, in zunehmend mehr Gewächshäusern werden Tomaten und Frühgemüse aufgepäppelt. Die Durchschnittsgröße des landwirtschaftlichen Besitzes einer Familie beträgt nur etwa einen Hektar, sodass die meisten den Landbau nur als Nebenerwerb betreiben können. Im Dreieck zwischen Manikata, Golden Bay und Anchor Bay erstreckt sich zudem mit dem Naturpark Il-Majjistral das größte Naturschutzgebiet des Landes, in dem der Wanderer die Gedanken ans städtische, fast überbevölkerte Malta völlig ausblenden kann.

Späte Besinnung

Natur- und Umweltschutz waren in Malta lange kein Thema. Noch heute gibt es in der Inselrepublik keine nennenswerte grüne Partei. Druck und Fördermittel aus Brüssel und das Engagement vor allem jüngerer Bürger in Nichtregierungsorganisationen sorgen jetzt allerdings für Besserung. So verwaltet der Nature Trust Malta sechs Schutzgebiete auf den Inseln und sorgt dort unter anderem für Neupflanzungen von Bäumen. Er unterhält eine Rettungsstation für verletzte Meeresschildkröten und gestrandete Delfine, arbeitet eng mit dem WWF und der Shark Alliance zusammen, die vor allem den Fang von Haien für die Haifischflossensuppe der Chinesen verhindern will. Am Rande der Golden Bay hat die Gaia Foundation ihren Sitz, die auch von einem deutschen Studienreiseveranstalter finanziell unterstützt wird. Sie betreut zwei Natura-2000-Schutzgebiete in Malta, betreibt eine Baumschule und animiert Bürger zum Kauf und Pflanzen von heimischen Baumarten.

Aber auch der Staat ist aktiv geworden. Seit Mitte 2015 verbrennen Maltas Kraftwerke kein billiges Öl mehr, sondern Gas; außerdem wird Strom über eine neue Unterwasserleitung aus Sizilien importiert. Und auch die Installation von Photovoltaik-Anlagen wird inzwischen gefördert.

Sand unter den Füßen

Mit Sandstränden ist das maltesische Archipel nicht gerade gesegnet. Die der Südhälfte Maltas sind kaum mehr als die letzte Rettung an sehr heißen Tagen. Im Inselnorden hingegen sind durchaus – jedoch vowiegend felsige – Strände zu finden, an denen man auch ganze Tage gut verbringen kann. An den meisten von ihnen stehen Urlaubshotels.

1 Ghajn Tuffieha Bay

Der einzige Sandstrand Maltas, den man nur zu Fuß erreichen kann, liegt von Steilküsten eingerahmt vor völlig unverbauter Küstenszenerie und steht unter Naturschutz. Von der Gnejna Bay im Süden und der Golden Bay im Norden aus kann man das über 300 m lange Sandband auf einem kleinen Pfad in jeweils etwa zehn bis 15 Minuten erreichen. Einen Sonnenschirm muss man bei Bedarf mitbringen, außerhalb der Hauptsaison ebenso Wasser und vielleicht einen Snack. Das Ufer fällt sanft ab, weshalb auch kleinere Kinder hier schön planschen können.

Nordwestlich von Mgarr, Busse 44, 223 und 225 bis Golden Bay

2 Golden Bay

Der populärste aller maltesischen Sandstrände ist etwa 200 m lang und bis zu 40 m breit. Das Ufer fällt sanft ab, Sonnenschirme und Liegestühle werden vermietet, im Hochsommer gibt es in den meisten Jahren auch einige Wassersportangebote. Parkplätze werden im Hochsommer knapp, man kommt besser mit dem Bus.

Nordwestlich von Mgarr, Busse 44, 223 und 225

3 Paradise Bay

Der 100 m lange Sandstrand am inneren Ende einer kleinen, felsigen Bucht ist auch an windigeren Tagen ein angenehmer Aufenthaltsort. Auch hier werden Liegestühle und Sonnenschirme vermietet. Und wegen der felsigen Einfassung steht die Paradise Bay auch bei Schnorchlern hoch im Kurs.

Kurz vor dem Fährhafen Cirkewwa links abbiegen (ausgeschildert), Busse X1, 41, 42, 101

4 Marsaxlokk

Maltas Bilderbuch-Idylle. Wer genug Fischerboote gesehen hat, könnte vor dem Fischessen auch noch an den etwa 400 m vom zentralen Kirchplatz entfernten Ortsstrand gehen. Da liegen auf etwa 100 m Sandstrand meist nur wenige Menschen, obwohl das Wasser trotz des nahen Kraftwerks völlig sauber ist. Wissen sollte man jedoch, dass Duschen und Umkleidekabinen hier fehlen.

Südostküste, an der Ostseite der Bucht Richtung Kraftwerk

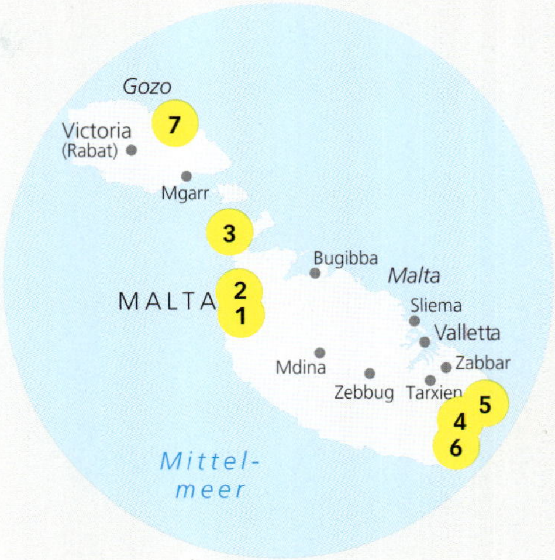

6 Pretty Bay

Die Kulisse fürs Bad mag man schön finden oder auch nicht: Maltas großen Containerhafen. Der weitgehend künstlich aufgeschüttete Sandstrand selbst aber ist mit etwa 150 m Länge und bis zu 30 m Breite der größte im Inselsüden. Das Ufer fällt relativ flach ab, sodass auch kleinere Kinder hier gefahrlos planschen können. Und auf Spiel- und Bolzplatz können sich die größeren austoben.

Südostküste, in Buggiba vor dem Ortszentrum, Busse X4, 80 und 82

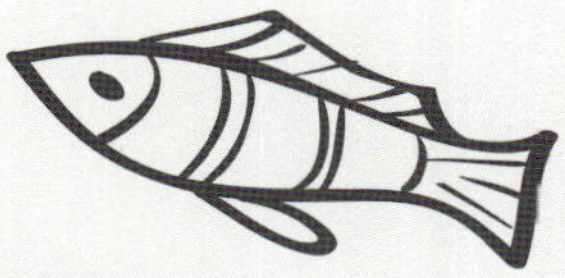

5 St. Thomas Bay

Der beliebteste Badeplatz der Malteser im Süden der Insel ist oft arg überlaufen. Aber die Malteser sind ja Enge gewöhnt, teilen sich hier friedlich den etwa 20 m langen Sandstrand und liegen auf hellen, von Wind und Wellen glattgeschliffenen Klippen. Da der Strand die Heimat von Seeigeln ist, sollte man besser Badeschuhe tragen. Auch den Schorchel mitzunehmen, lohnt sich.

Am südwestlichen Ortsrand von Marsaskala, Bus 91 ab Valletta direkt an den Strand

7 Ramla Bay (Gozo)

Der Hauptstrand der Schwesterinsel Maltas gilt vielen Einheimischen und Urlaubern als der schönste Sandstrand der gesamten Inselrepublik. Er schimmert leicht rötlich, ist über 400 m lang und bis zu 40 m breit und liegt am Ausgang eines grünen Tals zwischen zwei Tafelbergen. An den Strand grenzt ein Naturschutzgebiet mit niedrigen Dünen, eine Infostation klärt über die Natur hier auf.

Gozo, Inselnorden, Bus 302 ab Victoria

Maßstab 1:67.000
0
1km
MEDITERRANEAN SEA
Comino
Comino Tower
Redoubt
Rao-l-Irqieqa
South Comino Channel
(Il Fliegu ta Malta)
Ahrax Point
White Tower
White Tower Bay
Ramla Bay
Vendome Battery
Armier Bay
Ramla-Tal Qortin
Bastion
Redoubt
Madonna Statue
Daħlet ix Xilep
Marfa Point
Cirkewwa
Paradise Bay
Battery
Marfa
Marfa Ridge
Wied Musa
Rdum il-Aħmar
Il-Paroott
Mellieħa Bay
Red Tower
Rdum il-Qawwi
Ras il-Qammieħ
Rdum il-Qammieħ
112
Bisqra
Il-Hofra
Redoubt
Is-Sellum
Il-Għadira
Il-Kortin ta' Għajn Żejtuna
Ras il-Griebeġ
Qawra Tower
Blata il-Bajda
St. Paul's Islands
St. Paul's Statue
Fort Campbell
Tal-Blata
Selmun Palace
Rdum il-Bies
Ras il-Miġuna Battery
Mistra Bay
Ras in-Niexfa
Anchor Bay
Popeye Village
Qasam Barrani
Mellieħa
Xemxija
Mistra Valley
Rdum id Delli
Għajn Żnuber Tower
Bajda Ridge
Is-Simar
Victory Church
Pwales Beach
69
St. Paul's Bay
Qawra Tower
Qawra Point
Qawra
Buġibba
San Pawl-il-Baħar
Wignacourt Tower
Ghallis Point
Ghallis Tower
Ghallis Rocks
Salina Bay
Salt Pans
Il-Hotba
Qalet Marku
Qrejten Point
Baħar iċ-Ċagħaq Bay
Il-Blata i-Bajda
Il-Maħrug
Kennedy Memorial Grove
St. Michael's Church
Tal-Qadi Temple
Il-Għadira
Baħar Iċ-Ċagħaq
Madliena Tower
Ras-l-Irqieqa
Rdum Majesa
Ras il-Waħx
80
Manikata
In-Naħhalija
Wardija
Wardija Church
St. George's Church
San Martin
Burmarrad
Maghab
Golden Bay
Għajn Tuffieħa
San Martin's Church
Wied Qannotta
Ġebel Għawżara
St. Paul's Church
Pembroke
Pembroke Fort
St. George's Tower
St. George's Bay
Casino
Dragonara Point
Il-Qaliet
Paceville
Madliena
Għajn Tuħħieħa Bay
Tas-Serb
Hal Dragu
Wied il-Għasel
Wied Ta'l-Arkata
Cart Ruts
Għargħur
Roman Baths
Zammitello Palace
Mġarr
17
L-Iskorba
Skorba Temples
Żebbieħ
16
Victoria Lines
Naxxar Gap
St. Catherine's Church
Catacombs
Mosta Fort
Dolmen
San Pawl Tat-Targa
Is Swieqi
St. Julian's
L-Ibraġ
Spinola Palace
St. Julian's Bay
Balluta Bay
St. Julian's Point
St. Julian's Tower
Sliema Point
Sliema
Ġnejna Bay
Ras il-Pellegrin
Lippija Tower
Il-Pellegrin
127
Ġnejna Valley
Wied il-Hmar
Ta'Hagrat Temples
Għajn Rihana Valley
Targa Gap
Tal-Wej
St. Margaret's Church
Malta international Trade Fair Grounds
Naxxar
Cart Ruts
Ta' Giorni
San Gwann
L-Iskorvit
Targa Battery
18
Rotunda
Is-Sgħajtar
St. Anton's Church
Kappara
Gżira
Sliema Creek
Manoel I.
Marsamxett Harbour
Fomm ir-Riħ Bay
Ras ir-Raħeb
Ta'l-Abatija
Bingemma
Falka Gap
122
Il-Busbesija
Tal-Wata
Tal-Isperanza
Mosta
Taż Żwejt
Tas-Santi
Temple
Victoria Lines
Bingemma Fort
Dwejra Lines
Tombs
Bingemma Gap
Nadur
Il-Qolla
191
Ta' Mlit
5
Lija
Balzan
Il-Qasbija
Birkirkara
University of Malta
Athletics Track
Empire Stadium
Lazzaretto Creek
Ta' Xbiex
Il-Qlejgħa
Baħrija Valley
Baħrija
Tombs
Għemieri Palace
Għemieri
Mtarfa
Model Aircraft Field
Aircraft Museum
Ta'Qali
Tal-Mirakli
Gardens
Wignacourt Aqueduct
7
19
Santa Venera
Msida
Msida Creek
TCM
22
Pietà
Argotti
St. Publius Church
Floriana
St. John's Co-Cathedral
Bus Terminal
1
2
3
4
5

Vom Trubel in die Stille

Zwischen Sliema und der Nordküste Maltas wohnen die meisten Urlauber, stehen die größten Hotels, Wassersportstationen, Diskotheken und Sprachschulen. Hier sind auch Maltas schönste Sandstrände zu finden. Aber es gibt auch durchaus noch Landwirtschaft und intakte Natur.

1 Sliema

Viele Nebenbuchten prägen die Küste Sliemas (12 200 Einw.), das gegenüber von Valletta auf der anderen Seite des Marsamxett Harbour liegt. Der Ort reicht vom kurzen Damm, der nach Manoel Island führt, bis an die Spinola Bay, wo Sliema nahtlos ins Restaurant- und Hotelviertel von St. Julian's übergeht.

SEHENSWERT

Sliema erlebt man am besten, wenn man die hübsch herausgeputzte Uferpromenade entlangschlendert. Der Spaziergang beginnt am Übergang zur **Manoel Island**, auf der Großmeister Manoel de Vilhena 1723 das **Fort Manoel** errichten ließ. Heute sind auf der Insel vor allem Bootsbaubetriebe angesiedelt. Die Uferstraße **The Strand** führt nach **Sliema Ferry**, wo zahlreiche Ausflugsboote für Hafen- und Inselrundfahrten bereitstehen; tagsüber pendelt eine Fähre nach Valletta hinüber. Vom Anleger führt die kurze **Triq Bisazza** über die Halbinsel hinüber zur **Tower Road** (Triq it-Torri). Diese passiert die von Gastrobetrieben genutzte **Festung Fortizza** (erbaut 1872) und den **St. Julian's Tower** (1658), bevor sie an der markanten neugotischen Kirche **Madonna tal-Karmnu** St. Julian's erreicht.

Sliema bietet die beste Aussicht auf Valletta, Boote sprenkeln St. Julian's Spinola Bay.

Tipp

Im Naturpark wandern

Maltas größter Naturpark ist nach dem häufig wehenden Nordwestwind benannt: Il-Majjistral. 2007 wurde er an der Nordwestküste zwischen Golden Bay, Manikata und Popeye Village angelegt, 2014 bekam er ein Besucherzentrum. Ganzjährig hat der durch fünf Eingänge erschlossene Park viel zu bieten. Im Frühjahr blühen Orchideen, Asphodelien, Krokusse und Riesenfenchel, im Herbst wilde Artischocken, Narzissen und Meerzwiebeln. Bei einer Wanderung sind Girnas (traditionelle steinerne Feldhütten) zu sehen, bronzezeitliche Karrenspuren, Ruinen alter Bauernhäuser, Zisternen und Flakstellungen aus dem Krieg. Die Wege sind in der nahezu baumlosen Landschaft gut zu erkennen, verlaufen kann man sich nicht.

Il-Majjistral Park Ta' Natura u Storja
Tel. 21 52 12 91, www.mt.majjistral.org

HOTELS UND RESTAURANTS

Ideal gelegen ist das € € € **The Waterfront** (The Strand, Tel. 20 90 68 99, www.waterfronthotelmalta.com) mit Hallenbad und Sonnenterrasse in der 8. Etage. In einem fürstlichen Palazzo ist € € € € **The Palace** (High Street, Tel. 21 33 34 44, www.thepalacemalta.com) angesiedelt. Einen kleinen Pool auf dem Dach besitzt das € € **Park** (10 Triq Graham, Tel. 21 34 37 80, www.parkhotel.com.mt).
Maltesische Spezialitäten bietet € € **Ta' Kris** (80 Fawwara Lane, Tel. 21 33 73 67). Im € **Vecchia Napoli** (255 Tower Road, Tel. 21 34 34 34) gibt es italienische Küche und Pizza zu fairen Preisen. Fast direkt daneben liegt € € **Guys Bar Plough and Anchor** (263 Tower Road, Tel. 21 33 47 25), einer der originellsten Pubs der Insel.

2 St. Julian's / Paceville

Mehr noch als Sliema ist St. Julian's (7100 Einw.) auf Touristen eingestellt, die hiesige Restaurant- und Hoteldichte ist die größte des Landes. Der Ortsteil Paceville ist zudem das Zentrum des jungen maltesischen Nachtlebens mit einer Fülle von Pubs und Diskotheken.

SEHENSWERT

Folgt man der Küstenstraße von Sliema aus weiter, passiert man die besonders attraktiven Buchten **Balluta Bay** und **St. Julian's Bay** und kommt zum **Spinola Palace**, einer einstigen Sommerfrische für Ordensritter aus dem Jahr 1688. Überragt wird sie vom 22-stöckigen Hochhaus **Portomaso Tower**, dem (noch) höchsten Gebäude der Insel. Ebenso markant ist der **Dragonara Palace**, der 1870 als Sommerhaus eines maltesischen Bankiers erbaut wurde und heute ein Spielcasino beherbergt. Zwischen Hochhaus und Spielcasino erstreckt sich der Stadtteil **Paceville** TOPZIEL. An Sommerwochenenden strömen bis zu 50 000 junge Leute hierher und verwandeln die Gassen in eine einzige Freiluftarena.

HOTELS

An der etwa 3 km langen Küstenlinie von St. Julian's, Maltas „Goldener Meile", flankieren zahlreiche Fünf-Sterne-Hotels das Ufer: so u. a. das € € € € **Hilton** (Portomaso, Tel. 21 38 33 33, www.hiltonmaltahotel.com), das € € € € **Westin Dragonara** (Dragonara Road, Tel. 21 38 10 00, www.westinmalta.com), das € € € € **Corinthia Hotel St. George's Bay** (St. George's

Bay, Tel. 21 37 41 14, www.corinthia.com) und das € € € € **Radisson Blu** (St. George's Bay, Tel. 21 37 48 94, www.radissonblu.com). Wer im Rhythmus von Paceville lebt, tagsüber schläft und nachts auf die Piste geht, wohnt zentral im € € **Valentina** (Schreiber Street, Tel. 21 38 22 32, www.hotelvalentina.com) oder in einem der Sechs-Bett-Schlafsäle des € **Boho Hostel** (Dun Guzeppi Xerri Street, Tel. 27 65 60 08, www.bohohostel.com).

RESTAURANTS

Maltesisch isst man im € € **Gululu** (133 Spinola Bay, Tel. 21 33 34 31, www.gululu.com.mt). Top-Adresse für Thai-Food ist das € € € **Blue Elephant** (Portomaso, Tel. 21 38 33 83), für japanische Küche das € € € € **Zen** (Portomaso, Tel. 21 38 22 64).

ERLEBEN

Einen Panoramablick übers nächtliche Malta gewährt die elegante Cocktail-Bar **Level 22** im Hochhaus Portomaso Tower. Romantisch direkt am Meer sitzt man an Sommerabenden in der trendigen **Bedouin Bar** (Dragonara Road). Maltas größter und modernster Kinokomplex sind die **Eden Cinemas** (St. Augustine Street, Tel. 23 71 04 00, www.edencinemas. com.mt). Wer es sportlich mag: Gleich gegenüber steht das **Eden Superbowl** (www.edensuperbowl. com, Tel. 23 71 07 77) mit 23 Bowlingbahnen.

Tipp

Beach Clubs

Trendige Träume vom Strandleben werden zunehmend auch auf Malta erfüllt: schicke Beach Lounge Möbel, auf denen man auch zu zweit fläzen kann, Service direkt am Strand, Cocktails und Champagner an der Brandung, chillige Musik – immer mehr Beach Clubs an der Nordküste setzen auf ein relaxtes Ambiente. Im ganzjährig geöffneten Mambo an der Armier Bay stehen auch ein Pitcher Sangria, Eisbecher, Sushi und Sashimi auf der Karte, am volkstümlichsten geht es im Baia Beach Club zu. Besonders exklusiv kommt der Hola Beach Club daher, für den man sogar Jahresmitgliedschaften erwerben kann. Hier ist oft auch abends noch viel los, wenn Gast-DJs nicht in den Partymodus wechseln.

Beach Club Mambo: Armier Bay, Tel. 77 38 23 58, www.facebook.com/ MamboBeachClubMalta; ClubMalta: Baia Beach Club, Little Armier, Tel. 21 57 09 42, www.baiabeachclub.com, Juli/Aug. tgl., Mai, Juni, Sept. Di. geschl.; Hola Beach Club: Ramla Bay, Tel. 99 29 00 12, www.holabeach malta.com

5 km nördlich lockt das große Spaßbad **Splash & Fun Park** (Bahar Ic-Caghaq, www. marineparkmalta.com, tgl. 10.00–17.00 Uhr) mit Riesenrutschen und mehr.

3 St. Paul's Bay

Historischer Kern der Stadt (17 500 Einw.) ist das ehemalige Fischerdorf gleichen Namens. Die Halbinsel zwischen den Buchten Salina Bay und St. Paul's Bay war bis 1970 noch nahezu unbebaut, danach entstanden auf ihr die beiden Tourismus-Stadtteile Qawra und Buggiba.

SEHENSWERT

Alt ist in dieser Urlaubermetropole nur der **Wignacourt Tower** von 1610 (Buggiba, www. dinlarthelwa.org, Mo.–Sa. und 1. So. im Monat 10.00–13.00 Uhr). Futuristisch mutet das **Malta National Aquarium** an der Uferpromenade an (Triq it-Trunciera, Buggiba, www.aquarium.com. mt, tgl. 10.00–18.00 Uhr). Über 80 zwei- und vierrädrige Oldtimer zeigt die **Malta Classic Car Collection** (Tourist Street, Qawra, Mo.–Fr. 9.00–18.00, Sa 9.00–13.00 Uhr).

HOTELS UND RESTAURANTS

Um die spärlichen Reste eines neolithischen Tempels herum wurde das fast 400 Zimmer umfassende € €/€ € € **Dolmen Resort** (Dawret il-Gzejjer, Qawra, Tel. 23 55 23 55, www. dolmen.com.mt) erbaut. Jüngst vollständig renoviert wurde das € € € **Seashells Resort at Suncrest** (Dawret il-Qawra, Qawra, Tel. 21 57 71 01, www.seashellsresortmalta.com). Kreative Küche für Feinschmecker hat sich das € € € **Tarragon** (Church Street, St. Pauls Bay, Tel. 21 57 37 59) auf die Fahnen geschrieben. Und in der Atmosphäre eines maltesischen Bauernhauses serviert € € € **Ta Cassia** (Catacombs Street, Salina, Tel. 21 57 14 35) sizilianische und maltesische Spezialitäten.

UMGEBUNG

St. Paul's Bay selbst besitzt keine Strände. Umso schöner sind die beiden Sandstrände bei **Ghajn Tuffieha** TOPZIEL (ca. 4 km westlich): die **Golden Bay** mit dem Hotel € € € € **Radisson Blu Golden Sands** (Tel. 23 56 10 00, www. radissonblu.com), Wassersportstation (siehe Tipp) und Reitstall sowie der nur zu Fuß oder über Wasser zu erreichende, herrliche **Ghajn Tuffieha Beach** am Fuß einer Steilküste .

4 Mellieha

Der historische Ortskern von Mellieha (8800 Einw.) liegt auf einem Felsplateau hoch über der Mellieha Bay und ist noch recht ursprünglich. Direkt an der Bucht ist eine überwiegend touristische Siedlung entstanden, die unmittelbar an den langen, sandigen Ghadira Beach anschließt.

SEHENSWERT

Am unteren Ende der Hauptstraße liegt unter der markanten neubarocken **Pfarrkirche** von 1897 die kleine **Wallfahrtskirche Santa Marija** (tgl. 8.30–12.00 und 15.30–18.00 Uhr). Der ältere Teil der Höhlenkirche ist direkt in den Fels hineingebaut, das Langschiff wurde 1644 hinzugefügt. Als wundertätig gilt eine direkt auf den Fels gemalte Marienikone aus dem 13. Jh. Von deren Wundern kündet eine Ausstellung im kleinen Kirchenmuseum. Rund 100 m entfernt ist der Luftschutzbunker **Mellieha Shelter** (Mo.–Sa. 9.00–15.30 Uhr) zu besichtigen.

Tagsüber im Wasser aktiv sein, abends in Clubs und Bars chillen – so könnte ein Urlaub in Maltas Norden aussehen.

HOTELS

Ins historische Dorf oberhalb des Meeres ist das € € € **Maritim Antonine** (Borg Olivier Street, Tel. 22 89 20 00, www.maritim.com.mt) trotz seiner Größe hervorragend eingepasst. Es bietet ein kleines Spa, zwei Außenpools, Hallenbad und einen schönen Garten. Ebenfalls im Dorf, aber abseits der Hauptstraße verfügt das € € **Pergola** (Adenau Street, Tel. 21 52 39 12, www.pergolahotel.com.mt) über Spa, Innen- und Außenpool. Beide Häuser offerieren im Winter echte Schnäppchenpreise. Direkt an der Mellieha Bay hat das weitläufige € € € **Mellieha Bay Hotel** (Ghadira, Tel. 21 57 38 41, www. melliehabayhotel. com) direkte Strandlage.

RESTAURANTS

Hochwertige internationale Küche bietet € € € € **The Arches** (125 Borg Olivier Street, Tel. 21 52 34 60, www.archesrestaurant.com. mt). Preiswert und gut ist € **Ta Randi** (101 Borg Olivier Street, Tel. 21 52 33 43) in einer ehemaligen Karawanserei. Direkt am Strand isst man gut und leger im € € **Il-Padrino** (Ghadira, Tel. 21 57 33 26).

UMGEBUNG

Rund 2 km westlich der Mellieha Bay ist das **Popeye Village** längst mehr als eine ehemalige Filmkulisse. Es gleicht einem kleinen Freizeitpark, in dem man auch Strandliegen mieten und sich zu Musikbeschallung sonnen kann (tgl. 9.30–16.30, April–Juni und Sept.–Okt. bis 17.30 Uhr, Juli/Aug. bis 19.00 Uhr, www.popeyemalta.com). Auch ohne Eintrittskarte kann man vom südlichen Steilufer der **Anchor Bay** schöne Fotos schießen.

INFORMATION
Misrah Iz-Zjara tal-Papa Gwanni Pawlu II, Tel. 21 52 46 66

5 Cirkewwa

Cirkewwa ist kein Ort, sondern nur der Fährhafen für den Verkehr mit Gozo. Östlich liegen vier Buchten mit kleinen Sandstränden, einigen Badehotels und wild gewachsenen Ferienhaussiedlungen der Einheimischen.

SEHENSWERT
Südlich des Ortes schließt die schöne **Paradise Bay** an. An den östlichen Buchten **Ramla** und **Ramla tal-Qortin** machen vor allem Ausländer Urlaub, an der **Armier** und der **Little Armier Bay** Malteser. Alle Buchten sind über Stichstraßen von der Straße zu erreichen, die sich im Süden des Hochplateaus der **Marfa Ridge** entlangzieht; sie endet an einer **Marienkapelle** mit herrlichem Blick aufs Meer, nach Mellieha und St. Paul's Bay.

ÜBERNACHTEN
Eine der besten Empfehlungen für eine große Dosis Strandurlaub auf Malta ist das **€ €/€ € € Ramla Bay Resort** (Marfa, Tel. 22 81 22 81, www.ramlabayresort.com), das mit einem 350 m langen Strand, Wassersport- und Tauchstation, Pools und Spa aufwartet. Ganz im Osten liegt nahe dem Ahrax Point Maltas einziger **€ Campingplatz**.

UMGEBUNG
Der **Red Tower** von 1649 (tgl. 10.00–16.00, 15.6.–15.9. bis 17.00 Uhr) steht nahe der Passhöhe über die Marfa Ridge und bietet einen schönen Blick hinüber nach Comino und Gozo.

Tipp

Lehrpfad unter Wasser

Am Südwestzipfel der Ghajn Tuffieha Bay bietet ein einzigartiger Schnorchel-Trail die Möglichkeit, Maltas Unterwasserwelt zu erkunden. Eine 200 Meter lange Strecke ist mit elf Nummern auf dem Meeresgrund in Tiefen bis zu fünf Meter markiert. Eine wasserfeste Broschüre mit Erklärungen dazu kann beim Strandaufseher kostenlos ausgeliehen werden.

Genießen Erleben Erfahren

DuMont Aktiv

Unterwegs mit dem Kajak

Die Küstengewässer Nord-Maltas sind ein ideales Revier für spannende Kajak-Touren. Mit ortskundigem Führer geht es dicht an Steilufern entlang, in kleine Meeresgrotten hinein und an zu Fuß kaum erreichbare, winzige Strände. Und es wird nicht nur gepaddelt: Schnorchelausrüstung und Picknick sind auch mit dabei. Spezialist für geführte Tagestouren „Seakayak Malta" ist der. Wer mag, bucht gleich eine ganze Kajak-Woche. Der Ausgangspunkt der Touren wechselt, die Boote werden zum Einsetzpunkt gebracht. So kann man sich bei der Wahl des Reviers nach dem tagesaktuellen Wind und Wetter richten. Viele Touren werden schon für zwei Personen durchgeführt.

Zum unbewohnten Felsinselchen St. Paul's Island führt eine Tour an der Nordostküste; der Legende nach erlitt hier im Jahr 50 der Apostel Paulus Schiffbruch. Zum Schnorcheln geht es in die Imbiegah Bay. Eindrucksvoller Abstecher: Nach einem Picknick an der Mistra Bay werden Meereshöhlen erkundet, die im Zweiten Weltkrieg als Eingänge zu Luftschutzbunkern dienten. Eine weitere Tagestour führt entlang der Nordküste vom Campingplatz am Ahrax Point bis zur Ramla Bay. Und an der Nordwestküste steuern die Paddler von der Golden Bay aus die Anchor Bay mit dem nicht nur für Kinder interessanten Freizeitpark Popeye Village und die Cirkewwa Bay nahe dem Fährhafen nach Gozo an. Oder sie besuchen die Ghajn Tuffieha Bay, die Gnejna Bay und die nur zu Fuß erreichbare Fomm ir-Rih Bay, die fast immer menschenleer ist.

Weitere Informationen
Seakayak Malta, 7 Triq Sant Indrija, Victoria/Gozo, 21 56 45 92, www.seakayakmalta.com

Es stehen ca. 50 moderne Boote zur Verfügung, darunter auch sogenannte Sit-on-Top-Kajaks, die zwei Erwachsenen und zwei Kindern ab sechs Jahren Platz bieten.

Eine kurze Einführung genügt und schon kann Maltas herrliche Küste im Kajak vom Wasser aus erkundet werden – ein bisschen Muskelkater inklusive.

Game On

Eine andere Inselwelt

Die großen Uhren an den beiden Kirchtürmen der Pfarrkirche Santa Marija Bambina von Xaghra sind wie ein Sinnbild für das Leben auf Gozo. Eine zeigt stets annähernd die richtige Tageszeit an, die andere bewegt sich nicht. Gozo geht mit der Zeit und will sie doch anhalten, um einen besseren Weg in die Zukunft zu finden als die große Schwester Malta. Damit erfüllt sie auch viele Urlauberwünsche. Dritte im Bunde der Inseln ist Comino.

Die Blaue Lagune mit ihrem kristallklaren Wasser liegt auf Comino, nach Malta und Gozo kleinste Insel des Maltesischen Archipels.

Gozos Hauptstadt Victoria trägt heute wieder ihren alten arabischen Namen Rabat. Die stille Pjazza San Gorg erstreckt sich vor der gleichnamigen Kirche. Nur wenige Gassen weiter erhebt sich die von der Kathedrale überragte Zitadelle, deren Entstehung auf römische Zeiten zurückgeht. Pferderennen sind auch in Victoria beliebt.

Rund um die Uhr pendeln Autofähren zwischen Cirkewwa im Norden Maltas und Mgarr im Süden Gozos hin und her. Alles ist gut organisiert, Tickets braucht man nur für die Fahrt von Gozo nach Malta, nicht umgekehrt: Das spart Arbeitsplätze. An Bord reicht die Zeit für einen Kaffee oder ein Eis, nur 25 Minuten dauert die Überfahrt. Die meisten Touristen bleiben ohnehin an Deck und genießen die kurze Seereise, die dicht am Inselchen Comino vorbeiführt. Ein Turm aus der Ritterzeit grüßt herüber, für eine Minute ist die Blaue Lagune durch ihr strahlend türkisblau gefärbtes Wasser erkennbar. Da fahren im Sommer Dutzende von Booten hin. Ein Bad im Bilderbuch-Wasser ist schön, doch am winzigen Strand drängen sich die Menschenmassen so dicht, dass man für den Weg an Land fast ein Navi braucht. Dann ist auch schon Gozo erreicht, Mietwagen und Busse rollen von der Fähre, am Hafen stehen Linienbusse für die Weiterfahrt bereit. Ein kleiner Flughafen mit 900 m langer Piste ist auf Gozo zwar in Planung, doch wirklich gebraucht wird er nicht.

Hang zur Gigantomanie

Links der Straße vom Hafen Mgarr zur Inselhauptstadt Victoria, die auf Malti Rabat heißt, lohnt der Abstecher zur Dorfkirche von Xewkija. Hier macht sich wieder die Vorliebe der Insulaner für mächtige Kuppeln bemerkbar, die man ja von Malta her schon zur Genüge kennt. Diese hier ist die drittgrößte Europas: nicht ganz so breit wie die von Mosta auf Malta, dafür aber um einiges höher. Als Vorbild nahmen sich die Dorfbewohner, die den gesamten Kirchenbau selbst finanzierten, die berühmte Kirche Santa Maria della Salute in Venedig. 20 Jahre lang bauten sie an ihrem Gotteshaus. Auf den Umgang um die Kuppel in 50 Meter Höhe führt ein Fahrstuhl hinauf. Ganz Gozo liegt einem zu Füßen, Maltas Nordküste bleibt in Sicht. Aus dieser Höhe heraus lässt sich gut erkennen, was Gozo so anders macht

Kein Sandstrand auf Gozo kann sich an Schönheit mit dem der Ramla Bay messen. Das hat sich herumgesprochen. Wer Ruhe sucht, findet sie hier während der Hauptsaison sicher nicht.

Marsalforn befindet sich touristisch gesehen auf dem aufsteigenden Ast. Rund um den Hafen entlang der Bucht entstanden Hotels und Apartments.

Schöner Plantschen: Luxus-hotel Ta' Cenc in Sannat

Die Menschen der Megalithkultur haben vor vielen Tausend Jahren auch auf Gozo einen ihrer erstaunlichen Tempel errichtet, die Ggantija.

Draußen das Original, drinnen geballtes Wissen: neues Besucherzentrum der Ggantija

als seine große Schwester. Hier gehen die Dörfer nicht nahtlos ineinander über, sondern werden durch Weingärten, Äcker und Felder deutlich voneinander getrennt. Viele liegen auf niedrigen Tafelbergen, nur drei direkt am Meer. Kein einziges Hochhaus macht der Zitadelle von Victoria Konkurrenz, die an einem Steilabfall als massive Festung Gozos zentrale Ebene überragt. Der maltesischen Gigantomanie setzen die Gozitaner in ihrer Inselhauptstadt noch ein i-Tüpfelchen auf. Die beiden Band-Clubs des Städtchens haben ihr gleich zwei große Opernhäuser geschenkt, in denen fast ein Zehntel der heutigen Inselbevölkerung Platz finden kann. So etwas hat die große Schwester nicht zu bieten!

Das Werk einer Nacht

Gigantisch erschienen den Gozitanern im 19. Jahrhundert auch die Überreste einer neolithischen Tempelanlage bei Xahgra auf der Nordseite der Inseltraversale. Sie nannten sie deshalb Ggantija und spannen eine Legende um ihren Bau. Riesen hätten ihn in einer einzigen Nacht errichtet. Die Tempelmauern ragen noch sechs Meter hoch auf, ursprünglich sollen sie bis zu 16 Meter hoch gewesen sein. Seit 2013 sind die über 5000 Jahre alten Gemäuer in einen Archäologischen Park eingebettet, in

Special

Umwelt- und Naturschutz

Öko-Insel von Morgen?

Viele Gozitaner haben eine Vision. „ECO GOZO" nennt sich ihre breit aufgestellte Initiative, die den Inselzwerg bis 2020 zum Öko-Riesen machen will.

„Eco Gozo" wird von allen Inselgemeinden, den meisten Band Clubs, Sport- und anderen Vereinen sowie der Universität von Malta unterstützt, erhält Förderung durch eine internationale Großbank, die Coca Cola Foundation und bei einzelnen Projekten durch die EU. Auch die Zentralregierung hat 15 Millionen Euro als Starthilfe gegeben. Ziel ist es, alle Lebens- und Wirtschaftsbereiche ökologisch, nachhaltig und sozial gerecht zu gestalten. Aufklärung und Engagement der Bevölkerung sind dabei ebenso wichtig wie der Erlass neuer Gesetze und Vorschriften.

Viele kleine Projekte wurden bereits in Angriff genommen. Etliche Schulen fangen jetzt Regenwasser auf, auf dem Dach des Ministeriums für Gozo wurden Solarzellen installiert, viele alte Trockenmauern auf den Feldern werden instandgesetzt, in Schulklassen Sammelbehälter für gebrauchtes Papier aufgestellt, Landwirte in ökologischem Landbau unterrichtet. Alle Maßnahmen sollen vorrangig der Inselbevölkerung nutzen, aber in Verbindung mit Werbekampagnen Gozo auch als ideales Ziel für „Öko-Touristen" weltweit propagieren (www.eco-gozo.com).

Öko geht auch in der Landwirtschaft.

Azure Window: Das grandiose Felstor wirkte wie für die Ewigkeit gebaut.
Doch im Februar 2017 ist es eingestürzt und seitdem verschwunden.

Xlendi, ein verschlafenes Fischernest? Das war einmal.
Heute dominiert der Tourismus.

In den Salinen bei Marsalforn wird das
weiße Gold des Meeres geerntet.

Immer mehr Manufakturen verkaufen Meersalz und andere gozitanische Naturprodukte.

dem man auch andeuten will, wie die Natur um die Tempel in vergangenen Zeiten ausgesehen haben mag.

Frische Tomaten im Tempel

Man lässt in der Ggantija der inseltypischen Garigue freien Raum, jener offenen mediterranen Strauchheideformation, die Botaniker als Degeneration der Macchia bezeichnen. Opuntien wachsen hier, Johannisbrotbäume, Rosmarin, Thymian, Lavendel, Meerzwiebeln, Asfodelien und Aronstäbe.

Dazwischen eingestreut liegen kleine Äcker, von denen mehrere Charles Vella gehören. Der alte Mann, jetzt Rentner, war vor 30 Jahren der erste Gozitaner, der direkt auf dem Tempelareal Urlaubern anbot, was bei ihm zu Hause von den eigenen Feldern auf den Tisch kam: Opuntienmarmelade und Kapern samt Zweigen, sonnengetrocknete Tomaten, Oliven und gozitanisches Meersalz. Die Archäologen gestatten ihm heute noch, seine Produkte auf einem Mäuerchen neben den Tempeln zum Verkosten und Kauf anzubieten. Lust dazu aber hat er nur zweimal pro Woche. Er hat ja viele Nachahmer gefunden, die gozitanische Naturprodukte in größeren Manufakturen aufbereiten und in Läden verkaufen. Da sind Touristen nicht mehr auf ihn angewiesen.

Päpste statt Kanonen

Für den Aufbau von Manufakturen mit traditionellen gozitanischen Produkten hat die Europäische Union Fördergelder bereitgestellt. Weitaus mehr EU-Mittel sind freilich in die Verschönerung der Inselhauptstadt Victoria und deren Denkmalpflege geflossen. Die Umgestaltung des Hauptplatzes It-Tokk wurde zu 85 Prozent von Brüssel finanziert, 14 Millionen Euro flossen in die 2015 abgeschlossene Restaurierung der Zitadelle und die Neugestaltung des Wallgrabens mit Freizeit- und Kultureinrichtungen.

Die Zitadelle gleicht einer Stadt in der Stadt. In Antike und Mittelalter war sie sogar die Stadt schlechthin. So erhebt sich hier gleich hinterm Haupttor auch die Kathedrale von Gozo, das selbstverständlich einen eigenen Bischof besitzt. Auf ihrem obersten Absatz standen bis zu Beginn des Jahrzehnts zwei mittelalterliche Kanonen. Dann hat man sie durch die lebensgroßen Bronzeskulpturen zweier Päpste ersetzt, die Gozo die Ehre ihres Besuchs erwiesen: Papst Pius IX im September 1864, Papst Johannes Paul II im Mai 1990. Die Zitadelle lohnt zwei Rundgänge: einmal über ihre Außenmauern mit grandiosen Ausblicken über Victoria und große Teile der Insel, dann durch die engen Gassen, an denen mit dem heutigen Folkloremuseum

Gozitanischer Käse gehört zu den besonderen Spezialitäten der Insel.
Mit viel Fingerspitzengefühl gehen Klöpplerinnen ihrem alten Handwerk nach.
Weithin sichtbar thront die Wallfahrtskirche Ta' Pinu auf einem Hügel über der Landschaft. 1883 soll die Muttergottes an diesem Ort zu einer Bäuerin gesprochen haben.

Gozo erscheint im Vergleich zu Malta als Garten Eden. Wie überall am Mittelmeer überzieht der Frühling den schroffen Fels mit einem zarten Blumenteppich. Auch wer sich für Geologie interessiert, findet hier Stoff zum Staunen und Nachdenken.

eines der ältesten Häuser der ganzen Inselrepublik steht. Es wurde schon gebaut, als die Johanniterritter noch auf Rhodos weilten.

Mediterrane Gelassenheit

Das heutige Victoria liegt der historischen Zitadelle zu Füßen. Das Städtchen strahlt trotz heftigen Verkehrs auf der schnurgeraden Hauptstraße viel Ruhe aus. Die neuen, modernen Shopping Malls sind kleiner als manch deutscher Supermarkt; altmodische, noch von ihren Inhabern geführte Geschäfte verstecken sich an gewundenen Gassen. Im von den Briten angelegten Stadtpark direkt an der Hauptstraße, den Rundle Gardens, verbringen Rentner ihre Tage und Mütter Spielstunden mit ihren Kleinen.

Gleich drei Plätze laden mit Cafés, Weinbars, Pubs und Restaurants zum längeren Verweilen in historischem Ambiente ein. Einer davon, die Pjazza San Gorg mit der gleichnamigen Kirche, liegt sogar fernab von jedem Autoverkehr. Eilig scheint es in Victoria niemand zu haben. Wozu auch? Die Entfernungen auf der Insel sind gering, Linienbusse fahren bis in den späten Abend hinein in jedes Inseldorf. Da kann man sich unter Freunden ruhig ein Glas mehr vom kräftigen gozitanischen Landwein gönnen. Was man tagsüber und im Winter kaum glauben mag: Im beschaulichen Victoria haben manche Lokale im Sommer sogar bis vier Uhr morgens geöffnet.

Aus dem Meer aufgestiegen

Fährt man mit Linienbus, Auto oder dem Fahrrad nach Dwejra im Inselwesten, kommt man der Geologie des Archipels auf die Spur. Die Felsküste von Dwejra besteht aus der ältesten geologischen Schicht der Inselgruppe, dem karstig anmutenden Unteren Korallenkalk. Geht man vom Parkplatz aus ans Meer, sieht man im Fels unzählige Versteinerungen von Meerestieren. Sie zeugen davon, dass Malta und Gozo vor etwa zehn Millionen Jahren aus dem Meer aufgestiegen sind. Auf dessen Grund hatten sich die Überreste von Milliarden Algen, Korallen und Meeresgetier abgelagert. Beim Aufeinandertreffen der afrikanischen auf die eurasische Scholle vor etwa sechs Millionen Jahren wurde dieser Grund angehoben, die Inseln tauchten auf. Es entstand eine Landbrücke zwischen Malta und Sizilien, vielleicht sogar Nordafrika. Große Säugetiere wanderten über sie ein, was die Skelettfunde in der Höhle von Ghar Dalam im Süden Maltas bezeugen.

Vor fünf Millionen Jahren stieg der Wasserspiegel im Atlantik wieder an und füllte durch die Straße von Gibraltar auch das Mittelmeer auf. Vor zwei Millionen Jahren entstand wiederum eine Landbrücke, die später erneut überspült wurde. Malta und Gozo erhielten jetzt durch Wasser- und Winderosion ihre uns heute geläufige Gestalt. Zu ihr gehören insgesamt fünf geologische Schichten. Über der ältesten Schicht lagerte sich der Globigerinenkalk ab, aus dem die meisten Gebäude auf Malta und Gozo errichtet wurden. Dieser auf Malti „Tal-Franka" genannte Stein bedeckt weite Teile des westlichen Gozo, ist in den Steilküsten von Sannat und Ta' Cenc besonders gut zu erkennen und wird in zwei Steinbrüchen auf der Insel abgebaut. Über dem Globigerinenkalk lagert blauer Ton. Er ist dafür verantwort-

Unzählige Versteinerungen zeugen von der Vergangenheit.

Mgarr ist das Einfallstor nach Gozo, hier legen die Fähren aus Malta an. Unten im Hafen dümpeln die bunten Fischerboote, oben wacht die neugotische Kirche „Our Lady of Lourdes".

Und mag die Insel noch so klein sein, ohne Militäranlage geht in dieser Gegend nichts. Seit 1618 ist Winzling Comino mit einem Wachturm versehen.

Comino besitzt sogar ein Inselhotel mit Pool.

Die Blaue Lagune bietet einen sehr guten Grund, nach Comino überzusetzen.

lich, dass weite Teile Gozos so grün sind, denn wie bei Zebbug, Xaghra und Nadur liegt er oft dicht unter der Oberfläche. Zugleich ist er weitgehend wasserundurchlässig. Über ihm können sich in der nächsten Schicht, den Grünsanden, Wasserreservoirs und Quellen bilden.

Über den Grünsanden folgt dann die geologisch jüngste Schicht, der Obere Korallenkalk. Auch er ist oft reich an Fossilien aus dem Meer. Wenn er verwittert, bilden sich rötliche Böden. In Steinbrüchen wird er abgebaut, um ihn im Straßenbau oder in der Zementherstellung zu nutzen. Gut poliert sieht er wie Marmor aus. Diesen „Gozo Marble" verwendet man gern für die Innenausstattung von Kirchen und Hausfassaden. Streicheln können Sie ihn beispielsweise, wenn Sie im „XT Sports Cafe" am Kirchplatz von Xewkija auf Gozo einkehren: Da flankiert eleganter gozitanischer Marmor die schlichte Eingangstür.

Salinen und Salz

Einen ebenso schönen Anblick wie der Gozo Marble bieten die bis zu 350 Jahre alten Salinen von Qbajjar gleich westlich von Marsalforn. Anders als die stärker industrialisierten Salinen an der Salina Bay bei St. Paul's auf Malta, die einer privaten Firma gehören, werden sie noch wie im Mittelalter von zahlreichen Bauern betrieben. Diese besitzen hier Salzrechte und füllen das Salz noch selbst in Gläser und Tüten ab. Die aus dem anstehenden Küstenfels gehauenen Salzpfannen ziehen sich direkt an der Küste über mehr als zwei Kilometer entlang und gleichen von der Uferstraße aus dem Werk eines meisterlichen Grafikers.

Die Brandung versorgt sie immer wieder mit frischem Salzwasser, das im Sommer unter der brennenden Sonne verdunstet. Zurück bleibt bestes Salz, das in guten Sommern bis zu dreimal geerntet werden kann: jeweils Anfang August, September und Oktober. Zu Ritterszeiten haben die Salinen für die Eigenversorgung des Archipels ausgereicht; heute muss ergänzend Salz aus Italien, Großbritannien und Deutschland importiert werden.

Ein zweites Bethlehem

Anders als die griechischen oder kroatischen Inseln sind Malta und Gozo schon lange ein Ganzjahresziel, an dem man auch im Winter gut urlauben kann. Die Sonne lässt sich zwar nicht immer sehen, doch wenn sie scheint, hat sie solch wärmende Kraft, dass man sich ihr auf seinem Hotelbalkon kaum länger als 15 Minuten ungeschützt aussetzen mag. Abends wird es kühl, doch dafür gibt es Jacken. Alle Hotels, auch die in Strandlage, sind geöffnet, ebenso sämtliche Restaurants und Cafés. Die Preise sind günstig, selbst Luxusherbergen sind zum Schnäppchentarif zu haben. Die Tage im Winterhalbjahr sind länger als im dunklen Nordeuropa, selbst am 21. Dezember herrscht noch zehn Stunden Tageslicht. Bereits im Februar beginnt es auf Feldern und an Ackerrainen zu blühen und zu grünen.

Blühende Fantasie breitet sich die ganze Adventszeit über bis zum Dreikönigstag auf einem felsigen Brachland auf Gozo aus: Da entsteht alljährlich das biblische Bethlehem neu. Bis zu 150 Gozitaner leben dort in einfachsten Hütten, Hirten hausen mit ihren Schafen in Felsställen, Pferde drehen einen Mühlstein, Handwerker arbeiten mit traditionellem Werkzeug, in einer Taverne wird gozitanische Hausmannskost serviert. Abends erhellen Öllämpchen das 20000 Quadratmeter große Gelände. Im Mittelpunkt des Dorfes steht natürlich der Stall mit der heiligen Familie, die selbstredend ebenfalls von Einheimischen gespielt wird. Zum Dreikönigstag am 6. Januar reisen die Heiligen Drei Könige an. 2015 kamen sie direkt aus Köln, wo ja ihre Reliquien ruhen. Kölns neuer Erzbischof Rainer Maria Woelki hatte die Laienschauspieler vom Kölner Dom aus persönlich auf die Reise geschickt.

SANFTER TOURISMUS

Wohnen im Razzett

Alte Fincas auf Mallorca sind schon lange ein Renner auf dem internationalen Immobilienmarkt und auch bei deutschen Promis als Zweitwohnsitze beliebt. Dass Gozo mit seinen „Razzetts" ähnliche ländliche Juwelen zu bieten hat, wissen bisher nur Insider.

Razzetts muss man nicht kaufen, um darin wohnen zu können. Über 100 werden auf Gozo an Urlauber vermietet. Sie stehen direkt in den Dörfern, andere am Dorfrand, einsam auf Hügeln und an Hängen über dem Meer.

Lorraine zeigt uns einige über den Inselzwerg verstreute Razzetts. Am Dorfrand von Qala biegen wir in eine enge Gasse ab und stehen wenig später vor einem massiven hölzernen Tor. Ein schmaler Pfad führt durch einen winzigen Garten zum Haus. Naturstein umfängt uns. Die Wände sind völlig unverputzt, Strahler setzen Lichtakzente. Der Boden ist modern gefliest, die Decke auf dem Himmelbett farbig kariert. Eine Steintreppe führt in die Wohnküche im Obergeschoss hinauf, das Wohnzimmer im Erdgeschoss geht in eine offene Terrasse über. „It's very basic, but highly affordable", meint Lorraine: recht einfach, aber preisgünstig.

Weitaus luxuriöser ist das Razzett im Bachtal Wied il-Ghasri, das uns Lorraine als nächstes zeigt. Im Garten und am Pool gedeihen Palmen, Opuntien und Bananenstauden, in allen drei Schlafzimmern stehen Himmelbetten. Vom Whirlpool in einem der Schlafzimmer fällt der Blick durch eine riesige Fensterscheibe auf eine Terrasse, auf der ein Buddha milde lächelt. Zu Recht, denn hier ist es himmlisch schön – und paradiesisch ruhig.

Idylle im alten Kuhstall

Unser Lieblingshaus wird aber das Razzett Sara am Rande der Inselhauptstadt Victoria. Vier steinerne Bögen tragen die Decke. Im Wohnzimmer, einst Kuhstall, sind die steinernen Futtertröge entlang der Wände perfekt in die Innenarchitektur integriert. Maulkörbe und Zaumzeug an den Wänden sorgen für rustikalen Charme, ein offener Kamin strahlt Gemütlichkeit aus. Am Pool zwitschern Vögel, Palmen spenden Schatten an Tisch und Grill. Eine steinerne Wendeltreppe führt aufs Dach mit weitem Blick über Felder und Dächer.

Sanfter Tourismus

Hier treffen wir auch Paul, einen der beiden Gründer des Unternehmens, das 1985 als erstes auf die Idee kam, alte Farmhäuser aufzukaufen und in Feriendomizile zu verwandeln. Er betrachtet die rund 25 Häuser, die ihm und seinem Partner gehören, als seine Kinder. Viele waren baufällig, als er sie erwarb. Mit Steinblöcken und

Das Razzett The Almonds, von dem diese drei Aufnahmen stammen, bietet bis zu acht Gästen ein luxuriöses Feriendomizil mit eigenem Pool und traumhafter Aussicht. Es findet sich in der Nähe des Ortes San Lawrenz.

Holzbalken aus ähnlichen Ruinen baute er sie wieder auf, erhielt dabei sogar die üblichen Taubenlöcher in den Mauern, stellte Nachbauten der traditionellen gozitanischen eisernen Bettgestelle in die Schlafzimmer.

Als Hausmädchen und Hausmeister engagierte er Dorfbewohner, schuf Arbeitsplätze. Tourismus in die Dorfgemeinschaften zu integrieren, war sein Ziel. Dass er bald Nachahmer fand, stört ihn nicht: Er ist stolz, die Initialzündung für sanften Tourismus auf Gozo gegeben zu haben, als man diesen Begriff im Tourismusministerium von Malta wohl noch nicht einmal kannte.

Anbieter (Auswahl)

Gozo Farmhouses, Ghajnsielem, 3 Mgarr Road
Tel. 21 56 12 80, www.gozofarmhouses.com

Gozo Village Holidays, Victoria/Rabat, 1 Kappuccini Street
Tel. 21 55 72 55, www.gozovillageholidays.com

First Gozo, Victoria/Rabat, 47 Sabina Square
Tel. 79 56 23 84, www.firstgozo.com

Gozo
Comino
Malta
North Comino Channel
(Il Fliegu ta Għawdex)
South Comino Channel
(Il Fliegu ta Malta)
Victoria
(Rabat)
Bus Terminal
Church of St. George
Citadel
Marsalforn
Marsalforn Bay
Marsalforn Valley
Xagħra
Nadur
Qala
Mġarr
Mġarr Harbour
Xewkija
Xewkija Dome
Sannat
Żebbuġ
Għarb
Għammar
Għasri
Għasri Church
Għasri Valley
Kercem
Santa Lucija
San Lawrenz
Santu Pietru
Birbuba
Wilga
San Niklaw
Aqueduct
Għajn Hammier
Gelmus
Fontana
Knight's Wash House
Is-Saqwi
It-Taflija
Tal-Ħamrija
Għajnsielem
Xlendi
Xlendi Bay
Munxar
Tar-Riefnu
Tal-Lunzjata
Ta' Cenc
Qbaijar
Dabrani
Ta' Kuljat
Il-Ħarrax
Is-Srug
Ta' Sansuna
Xerri's Grotto
Ninus Cave
Ta' Bullara
Il Pergla
Calypso's Cave
Ramla Bay
Ramla Valley
Ta' l-Għajjun
Ġgantija Temples
Nuffara
Ta' Hida
Bin Gemma
Ta' Cini
Windmill
Wardija
Kenuno Tower
Our Lady of Lourdes
Santa Cilja Tower
Ta' Gorgun
Wied Hanzita
Knight's Tower
Burial Mounds
Cart Ruts and Dolmen
Cart Ruts
Ta Cenc
Torri ta' Xlendi
Ras il-Bajda
Azure Window
Dwejra Point
Dwejra Lake
Qawra Tower
Fungus Rock
Dwejra Bay
Wied Ilma
Għajn Abdul
Neolithic Cave Dwellings
Wardija Point
Wardija
Gebel Ben Gorg
San Dimitri Point
Hekka Point
Pinu Point
Forna Point
Naqħaq Il-bahar
Beqqa Point
Salt Pans
Xwejni Bay
Redoubt
St. Dimitri Church
Wiedil-Mielah
Gordan
Ta' Pinu Church
Wied tal-Qleigha
Sara Valley
Għajn Damma
Rdum il-Kbir
Roman Remains
San Blas Bay
Mistra Rocks
Dahlet Qorrot
Qala Point
Gebel tal-Halfa
Il-Ħnejja
Tao Cawl Rooks
Hondoq Bay
Fort Chambray
Tafal Cliffs
Xatt l-Aħmar
Mellieħa Point
Torri ta' Mġarr ix-Xini
Mġarr ix-Xini
Rao il-Hobo
Fessej Rook
San Niklaw Bay
Santa Marija Bay
Għemieri
Blue Lagoon
Comino
Cominotto
Comino Tower
Rao-l-Irqieqa
Ramla Bay
Vendome Battery
Ramla-Tal Qortin
Battery
Marfa Point
Maßstab 1:60.000
0
1km

Ruhe und Ländlichkeit pur

Gozo ist ganz anders als Malta. Die Dörfer liegen hier deutlich voneinander getrennt und häufig auf niedrigen Tafelbergen, dazwischen wird viel Landwirtschaft betrieben. Strände gibt es kaum, dafür viele Wandermöglichkeiten – aber natürlich auch einen neolithischen Tempel, viele große Kirchen und sogar zwei Opernhäuser.

1 Victoria/Rabat

Gozos Hauptstadt (6200 Einw.), die heute wieder ihren alten arabischen Namen „Rabat" trägt, ist dank ihrer mittelalterlichen Zitadelle weithin sichtbar.

SEHENSWERT

Hauptgeschäftsstraße ist die Triq Ir-Repubblika (Republic Street), die von den ruhigen **Rundle Gardens** bis zum geschäftigen Hauptplatz **It-Tokk** reicht. Nur 50 m von ihm entfernt strahlt die kleinere **Pjazza San Gorg** sehr viel mehr Ruhe und Romantik aus. Ältester Siedlungskern ist die gerade aufwendig restaurierte, ständig frei zugängliche **Zitadelle** mit ihren mächtigen Mauern und Bastionen auf einem Hügel über der heutigen Stadt. In ihr liegen die 1716 geweihte **Kathedrale** mit **Kathedral-Museum** (Triq il-Fosos, www.gozocathedral.org, Mo.–Sa. 10.00–13.00 und 13.30–16.00 Uhr), das **Archäologische Museum** (Triq Bieb l-Imdina, tgl. 9.00–17.00 Uhr), das **Gran Castello Historic House** (Triq Melite Bernardo de Opuo, tgl. 9.00–17.00 Uhr), ein **naturwissenschaftliches Museum** (Triq l-Kwartier ta' San Martin, tgl. 9.00–17.00 Uhr) und das **Alte Gefängnis** aus der Johanniterzeit schräg gegenüber der Kathedrale (tgl. 9.00–17.00 Uhr). Ein neues Museum außerhalb der Zitadelle ist das **Basilica Museum Heart of Gozo** an der hübschen Pjazza San Gorg (tgl. 9.00–17.30 Uhr).
An der Hauptstraße Republic Street stehen die beiden großen **Opernhäuser Aurora** und **Astra**. Direkt an der Straße nach Xlendi liegt im Ortsteil Fontana frei zugänglich ein großes **Waschhaus** aus der Johanniterzeit.

Bizarre Schönheiten: die Dwejra Bay; im Hintergrund das noch nicht eingestürzte Azure Window

Tipp

Verwöhnoase

Das Kempinski-Luxushotel mit riesiger Pool-Landschaft liegt ganz ruhig in schönster maltesischer Landschaft, etwa 500 m von San Lawrenz entfernt. Sein Spa gehört zu den schönsten im Land. Viele Gäste kommen, um hier ayurvedische Kuren zu verbringen – das medizinische Personal kommt aus Indien, die Köche im Hotel sind auf ayurvedische Ernährungspläne eingestellt.

Kempinski San Lawrenz
Triq Ir-Rikon, San Lawrenz
Tel. +356/22 11 00 00
www.kempinski.com/gozo

HOTELS & RESTAURANTS

Einziges Hotel in der Inselhauptstadt ist das moderne **€ Downtown** in einem Shopping-Komplex am Stadtrand (Triq l-Ewropa, Tel. 22 10 80 00, www.downtown.com.mt). Das im Bungalowstil angelegte Luxushotel **€ € € € Ta' Cenc** (Tel. 21 55 68 19, www.tacenc.com) liegt wie am Ende der Welt auf einem kargen Felsplateau am Rand des 4 km südlich gelegenen Dorfes Sannat. Üppige Gärten, ein von Felsbrocken eingerahmter Pool und Suiten im Stil von an Apulien erinnernden Trulli prägen das Bild, ein Spa gehört zum Hotel.
Bestes Restaurant ist das **€ € € € Patrick's Tmun** (Triq L-Ewropa, Tel. 21 56 66 67, http://patrickstmun.com); es macht seine wenig idyllische Lage mit exzellenter Fusionsküche wett, die mediterrane Genüsse mit asiatischen kombiniert. Besonders schön sitzt man im **€ € € € The Grapes Wine** (Pjazza San Gorg, Tel. 79 47 35 36). Bestes Café und Pub der Inselhauptstadt ist das **€ Café Jubilee** mit vielen Snacks und geselliger Bar.

UMGEBUNG

An der Straße Richtung Dwejra säumt gleich außerhalb der Stadt ein Aquädukt die Straße. Die **Wallfahrtskirche Ta' Pinu** (5 km westl., tgl. 6.45–12.30 und 14.00–19.30 Uhr) aus den 1920er-Jahren gilt als das Lourdes von Malta, geht sie doch auf eine angebliche Marienerscheinung zurück. Im Crafts Centre Ta' Dbiegi am Ortsrand von **San Lawrenz** (6 km westl.) können Sie gozitanische Produkte erwerben, gleich daneben liegt die Glasbläserei Gozo Glass. Am Ende der Straße (7 km westl.) liegt die zauberhafte **Dwejra Bay** TOPZIEL: Dicht vor der Küste erhebt sich der nahezu unzu-

Feierlaune im La Grotta in Xlendi, Badespaß im Wied il-Ghasri

gängliche **Fungus Rock.** Die Ritter ernteten hier eine pilzähnliche Pflanze, der als „Malteserschwamm" blutstillende Eigenschaften zugesprochen wurden. Sie schützten den Fels durch den gegenüberliegenden Wachtturm. Das berühmte Felstor **Azure Window** ist im Februar 2017 eingestürzt und im Meer verschwunden. Erhalten blieb ein natürlicher Tunnel zur **Dwejra Inland Sea**, einem von Fischerschuppen flankierten See. An seinem Ufer warten Boote zur Fahrt durch den Tunnel auf Gäste.
Rechts der Straße von Victoria nach Mgarr erlaubt die Dorfkirche von **Xewkija** (4 km südöstl.) vom äußeren Umgang ihrer 75 m hohen Kuppel aus einen 360°-Panoramablick über Gozo (Fahrstuhl, Mo.–Sa. 9.00–12.00 Uhr).

INFORMATION
Malta Tourist Authority, 17 It-Tokk, Victoria, Tel. 22 91 54 52, www.visitmalta.com

2 Marsalforn

Das moderne Dorf an einer weiten Bucht an der Nordküste ist Gozos größter Badeort, obwohl er nur einen winzigen Strand besitzt. Vor allem aber ist Marsalforn ein Treffpunkt für Taucher.

SEHENSWERT
In Richtung Victoria krönt eine weithin sichtbare, an Rio de Janeiro erinnernde **Christus-Statue** einen Hügel. Westlich des Ortes erstrecken sich an der Qbajjar Bay bildschöne **Salinen** kilometerlang; die Farben und Formen der Küstenfelsen sind hier besonders eindrucksvoll.

HOTELS UND RESTAURANTS
Bestes Haus vor Ort ist das moderne **€ € Calypso** (Marina Street, Tel. 21 56 20 00, www.hotelcalypsogozo.com) am Hafen. Familiär geht es im **€ € Maria Giovanna Guest House** in der zweiten Reihe hinterm Hafen zu (41 Rabat Road, Tel. 21 55 36 30, www.tamariagozo.com).

Romantisch sitzt man auf einer Felsterrasse direkt am Meer im Lounge-Restaurant **€ € Otters** (St. Mary's Street, Tel. 21 55 66 06). Der Klassiker am Ort ist das Restaurant **€ € Il-Kartell** (Tel. 21 55 69 18) in der Südwestecke der Bucht. Eines der Top-Restaurants ganz Maltas ist das abseits der Straße nach Victoria gelegene **€ € € € Ta' Frenc** mit Bio-Küche auf höchstem Niveau (Tel. 21 55 38 88, www. tafrencrestaurant.com).

UMGEBUNG
Folgt man der Küstenstraße an den Salinen vorbei bis dorthin, wo sie das Ufer verlässt, führt ein schmaler Pfad hinunter zum **Wied il-Ghasri**, einem schmalen, niedrigen Fjord, den man vom Ministrand am inneren Ende bis zum offenen Meer durchschwimmen kann.

3 Xlendi

Das kleine Dorf liegt recht idyllisch am Ausgang eines engen, grünen Tals. Das östliche Ufer ist Natur pur, das westliche wird von einer Promenade und modernen Häusern gesäumt.

SEHENSWERT
In der westlichen Fjordwand führt ein Treppenweg zur kleinen **Höhle Ghar ta' Karolina** mit schöner Aussicht. Den Fjordeingang am anderen Ufer bewacht seit 1658 der **Xlendi Tower**.

HOTELS UND RESTAURANTS
An Uferpromenade und Ministrand stehen die modernen Hotels **€ € San Andrea** (St. Simon Street, Tel. 21 56 55 55, www.hotelsanandrea.com) und **€ € St. Patrick's** (Marina Street, Tel. 21 56 29 51, www.stpatrickshotel.com).
Nur 100 m von hier entfernt schmiegt sich das **€ € Stone Crab** an den winzigen Hafen und die Felswand. Fisch und Steaks sind exzellent.

4 Xaghra

Das weitläufige Dorf (4000 Einw.) auf einem für Gozo typischen Tafelberg zieht sich in Verästelungen auf einem Bergrücken bis fast ans Meer.

SEHENSWERT
Die Hauptattraktion sind der am nördlichen Dorfrand gelegene neolithische Tempel **Ggantija,** den Einheimische einst für das Werk einer Gigantin hielten. Sehenswert ist auch das besonders gute Besucherzentrum mit kleiner archäologischer Ausstellung und vielen englischsprachigen Erklärungen (Juni–Sept. 9.00–18.00, sonst bis 17.00 Uhr). Eingebettet sind die zwei Tempelteile (um 3600 bzw. um 3000 v. Chr.) in ein Areal mit typisch maltesischen Gewächsen wie Opuntien, Johannisbrotbäumen, Aronstäben und früher auf der Insel angebauter Baumwolle. Zwischen dem Tempelkomplex und dem Dorfplatz liegt die **Windmühle Ta' Kola** aus der Johanniterzeit mit kleinem **Mühlenmuseum** (Bambina Street, tgl. 9.00–17.00 Uhr). Hinweisschilder am Dorfplatz führen zu den unter Privathäusern liegenden und dennoch zugänglichen Tropfsteinhöhlen **Ninu's Cave** (18 January Street, tgl. 8.00–18.00 Uhr) und **Xerri's Grotto** (31 Xerri Grotto's Street, Mo. bis Sa. 9.00–18.00 Uhr).
Eine historische Spielzeugsammlung zeigt das **Pomskizillous Museum of Toys** (10 Gnien Xibla Streeet, www.gozotoymuseum.com, Mai bis Okt. Mo.–Sa. 10.30–13.00 Uhr, sonst stark schwankend). Eine Stichstraße führt zur **Calypso's Cave** (Kalypso-Grotte) hoch über der **Ramla Bay**. In der nicht mehr zugänglichen Felshöhle hat der Legende nach die Nymphe Kalypso sieben Jahre den homerischen Helden Odysseus durch Liebe an sich gebannt.

Tipp

Dörfliches Idyll

Kein anderes Dorf auf Gozo gibt sich so rustikal gastlich wie Xaghra. Auf seinem großen Dorfplatz, der Pjazza Il-Vitoria, hat sich gleich ein halbes Dutzend moderner Restaurants zu den beiden alteingesessenen Bars gesellt. Ein paar Oleanderbäume setzen Farbtupfer, gozitanische Küche kommt auf die Teller. Und im Café Reale munden Torten und Eisbecher beim Blick auf die Dorfkirche Maria Bambina. Eine der beiden Kirchturmuhren ist besonders sympathisch: Sie schreitet nicht voran, denn sie ist nur aufgemalt.

Einheimische hielten den neolithischen Tempel Ggantija für das Werk einer Gigantin.

HOTELS UND RESTAURANTS

Einziges Hotel im Ort ist das **€ € Cornucopia** (10 Triq Għien Imrik, Tel. 21 55 64 86, www.cornucopiahotel.com), das landschaftlich gut eingepasst am Ortsrand Richtung Nordküste in einem schönen Garten mit Pool liegt. Restaurants konzentrieren sich auf die Pjazza It-Vitoria. Das älteste ist das **€ € Oleander** (Tel. 21 55 72 30) mit guter maltesischer Küche.

UMGEBUNG

Schönster Strand Gozos ist der breite, leicht rötlich schimmernde und feinsandige **Ramla Beach** an der Nordküste (3 km). Ein kleines Öko-Zentrum informiert im Sommer über das angrenzende Naturschutzgebiet.

5 Mgarr

Für die meisten Besucher ist Gozos Hafenort (2700 Einw.) zu Recht nur ein Durchgangsort, von dem aus sich der Osten Gozos gut erschließt. Abends allerdings locken gute Tavernen an den Fischerhafen.

HOTELS UND RESTAURANTS

Das **€ € € Grand Hotel** in Ghjajnsielem (St. Anthony Street, Tel. 21 56 38 40, www.grandhotelmalta.com) oberhalb des Hafens punktet mit dem schönen Blick von den Balkonen aus. Eine legendäre Fischtaverne ist **€ € Sammy's Il-Kcina tal-Baracca** (Triq Manoel de Vilhena, Tel. 21 55 65 43) am Fischerhafen.

UMGEBUNG

Der Osten Gozos ist noch stiller als der Rest der Insel. Attraktiv sind der kleine, im Hochsommer jedoch überlaufene Sandstrand **San Blas Bay** nördlich von **Nadur** (2 km nördl.) sowie am frühen Abend der Dorfplatz von **Qala** (4 km nordöstl.) mit urigen Bars und Restaurants.

6 Comino

Das Inselchen zwischen Gozo und Malta ist heute unbewohnt, aber nicht leblos. Die Blaue Lagune im Inselwesten ist im Sommer eines der meistbesuchten Ausflugsziele des Landes.

SEHENSWERT

Zwischen Comino und dem vorgelagerten Inselchen Cominotto schimmert das Wasser der **Blauen Lagune** TOPZIEL in allen erdenklichen Blau-, Türkis- und Grüntönen. So viel Schönheit zieht Massen an; im Sommer sollte man hier nur an Werktagen herkommen. Die einzigen historischen Bauwerke sind ein 1618 auf dem höchsten Punkt der Insel errichteter **Wachturm** und an der Nordküste eine Marienkapelle am Sandstrand von **Santa Marija**.

HOTELS

€ € Comino Hotel und **€ € Comino Bungalows** (Tel. 21 52 98 21, www.cominohotel.com) sind nur von Mai bis Oktober geöffnet. In beiden Hotels kann man essen, sie bieten auch Wassersport und verleihen Fahrräder.

Genießen Erleben Erfahren

DuMont Aktiv

Zu Fuß rund um Gozo

Der Gozo Coastal Walk bietet ein Wandervergnügen ganz ohne Zelt und Schlafsack auf dem Rücken – nach jeder der vier Etappen kann man mit dem Linienbus preiswert ins eigene Hotel zurückkehren. Wer nicht die insgesamt rund 50 Kilometer lange Strecke abmarschieren mag, pickt sich einzelne Etappen heraus.

Los geht es in Xlendi, von wo die erste Etappe (11 km, mittelschwer) zunächst inseleinwärts Richtung Victoria verläuft, vorher aber links nach Kercem abbiegt und von dort westwärts zur imposanten Steilküste führt. Entlang dieser geht es nach Dwejra und von dort auf einem Feldweg hinauf nach San Lawrenz. Etappe zwei (11 km, leicht) beginnt in San Lawrenz, führt an der Kapelle Il-Madonna taz-Zejt und dem Leuchtturm der Insel vorbei und über ein Pfad immer an der Nordküste entlang nach Marsalforn. Schwimmen kann man unterwegs im Wied il-Ghasri.

Etappe drei (16 km, schwer) führt von Marsalforn zu den Ausläufern von Xaghra hinauf und an der Kalypso-Grotte vorbei zum Ramla Beach. Der Pfad verläuft oberhalb der San Blas Bay mit kleinem Sandstrand entlang zur Bucht Dahlet Qorrot mit Bademöglichkeit und dann quer über die Insel zur Südküste, die man am winzigen Strand Hondoq ir-Rummien erreicht. Nun folgt man der Küste bis nach Mgarr. Die vierte Etappe (12 km, mittelschwer) führt vom Hafen nach Westen bis zum Fjord Mgarr ix-Xini, dann aufwärts zum Luxushotel Ta' Cenc und durch das Dorf Sannat hinunter zu den Seguna Cliffs. Bald darauf ist Xlendi wieder erreicht.

Weitere Informationen

Zu diesem Inselrundweg ist die Broschüre „The Gozo Coastal Walk" in der Tourist-Information in Victoria kostenlos erhältlich. Gute Kondition und Trittsicherheit sind erforderlich. Mitunter führt der Weg auch ein wenig durch die verbuschte Garigue.

Auf vier Etappen von je 11 bis 16 km Länge geht es einmal kreuz und quer über Gozo. Über weite Teile der Strecke hat man das Meer und die Küste der kleinen Insel im Blick.

Hotels

Übernachten mit Stil

Es muss nicht immer Mainstream sein. Auch auf Malta und Gozo hat sich längst der Trend zu individuell und stilvoll eingerichteten Unterkünften durchgesetzt. Alte Stadthäuser dienen genauso als Quartiere wie herrschaftliche Palazzi und restaurierte Bauernhöfe. Und überdies ist für jeden Geldbeutel das passende dabei.

1 Asti

Wo früher Nonnen wohnten, heißt schon seit über 40 Jahren Annie Galea Gäste unter dem Motto „Warm at heart is our home" willkommen. Neun schlichte Zimmer verteilen sich auf mehrere Etagen des über 400 Jahre alten Stadthauses, dessen Etagenduschen bestens gepflegt sind. Zum Busbahnhof geht man zehn Minuten, zur Republic Street nur ein paar Schritte.

€ Valletta, St. Ursula Street, Tel. 21 23 95 06, www.casaastimalta.com

2 Casa Ellul

Das von Außen eher unscheinbare Haus im Herzen Vallettas entpuppt sich von Innen als viktorianischer Palazzo mit verspieltem Innenhof. Um 1830 erbaut, gehört die Casa seit Generationen der Weinhändlerfamilie Ellul, die sie in ein Boutiquehotel mit acht geräumigen Suiten verwandelt hat.

€ € € € Valletta, 81 Old Theatre Street, Tel. 21 22 48 21, www.casaellul.com

3 Sally Port Senglea

In Senglea ist dieses Haus mit drei Gästezimmern das größte Hotel. Geht man aus der Tür, ist man nur unter Maltesern, die Vedette und ihr kleiner Park sind ganz nah. Jedes der ansprechend möblierten Zimmer verfügt über eine Kochnische. Und zur Dachterrasse mit grandiosem Blick auf Valletta gehört zudem noch eine Gemeinschaftsküche.

€ Senglea/Isla, Triq iz-Zweg Mini, Tel. 99 47 87 78, www.sallyport.com.mt

4 Ursulino

Die Dachterrasse mit Blick über den Grand Harbour ist die Trumpfkarte des Boutiquehotels in einem alten Barockhaus. Highlight unter den sieben Zimmern und Suiten ist die sich über drei Etagen erstreckende Penthouse Suite, die über eine eigene Terrasse verfügt. Die Wände der Gemeinschaftsräume sind von maltesischen Künstlern bemalt, die man bei den „Meet the artist"-Terminen auch persönlich kennenlernen kann.

€ € € € Valletta, 82A St. Ursula Street, Tel. 21 22 80 24, www.ursulinovalletta.com

5 Duncan

Direkt am Kirchplatz und an der Uferfront von Marsaxlokk vermieten die Inhaber des gleichnamigen Restaurants in den beiden Etagen über ihrem Lokal acht einfachere Apartments. Hier wohnt man nicht ganz ruhig, aber sehr zentral im einzigen noch verbliebenen Fischerdorf Maltas. Besonders schön wohnt man im Zwei-Schlafzimmer-Apartment auf dem begehbaren Dach, von dem aus der ganze Hafen bis hinüber zum Container-Terminal zu überblicken ist.

€ € /€ Marsaxlokk, Xatt is-Sajjieda 33, Tel. 21 65 72 12, www.duncanmt.com

6 The Xara Palace

Besonders exklusiv residieren die Gäste des einzigen Hotels innerhalb der Stadtmauern des stillen Mdina. 17 Gästezimmer und zwei Restaurants haben in dem alten Palazzo aus dem 17. Jahrhundert Platz gefunden, die Inhaberfamilie Tabona betreut ihre Gäste noch höchstpersönlich. Zimmer und Gemeinschaftsräume sind mit stilvollen Antiquitäten eingerichtet, die Haustechnik aber ist ganz modern.

€ € € € Mdina, Misrah il-Kunsill, Tel. 21 45 05 60, www.xarapalace.com.mt

7 Maria's B & B

Maria und Sonia kümmern sich herzlich um die Gäste, die sich in einem der acht Zimmer ihres alten, stilvoll restaurierten Bauernhauses einquartieren. Dieses befindet sich im ruhigen Dorf Ghasri, sieben Gehminuten von der Bushaltestelle ins drei Kilometer entfernte Victoria entfernt. Das regional ausgerichtete Frühstück wird je nach Jahreszeit in einer alten Windmühle am offenen Kamin oder am kleinen Außenpool serviert; dazu gibt es selbst gebackenen Kuchen. Den ganzen Tag über können die Gäste zudem eine Gemeinschaftsküche nutzen.

Ghasri (Gozo), Muscarabija Street, Tel. 21 55 36 30 www.tamariagozo.com

8 Quaint

Im frühen 20. Jahrhundert war das Haus schon einmal Hotel, jetzt bietet es wieder zwölf Gästezimmer. Man wohnt direkt an der Pfarrkirche fast unmittelbar am Dorfplatz, auf dem fast nur Einheimische in Cafés und Tavernen sitzen. Wer den besten Blick genießen will, wählt eins der drei Penthouse-Zimmer.

€ € Nadur (Gozo), 13th December Street, Tel. 22 10 85 00, www.quainthotelsgozo.com

9 San Antonio

Nur fünf Gehminuten vom Ortszentrum mit seinen Restaurants, dem Ministrand und den Badeterrassen entfernt bietet dieses Guesthouse fünf Zimmer an einem ruhigen Standort. Die Gastgeber George und Maria sind herzlich um ihre Gäste bemüht, servieren allerdings ein eher spartanisches Frühstück. Ein kleiner Außenpool sorgt an heißen Tagen für eine Abkühlung.

€ Xlendi/Gozo, Tower Street, Tel. 99 49 68 07, www.sanantonio guesthouse.com

Maltesische Spezialitäten: Bragioli (Roulade mit Hackfleisch), Kaninchengericht, Pastizzi

Service

Keine Reise ohne Planung. Auf den folgenden Seiten haben wir für Sie Wissenswertes und wichtige Informationen für Ihren Malta-Urlaub zusammengestellt.

Anreise

Mit dem Flugzeug: Maltas Flughafen, der Luqa International Airport, liegt im Süden der Hauptinsel. Linienbusse verbinden ihn mit vielen Orten auf Malta. Tickets sind im Bus erhältlich. Malta Transfer unterhält einen Shuttle-Service zu vielen Hotels, Buchungen sind telefonisch, online und in der Gepäckausgabehalle des Flughafens möglich (Tel. 21 33 20 16, www.maltatransfer.com). Taxis warten vor der Ankunftshalle. Man bucht und bezahlt sie an einem Schalter neben der Ausgangstür.
Mit der Fähre: Häufige Fährverbindungen bestehen nur mit Pozzallo und Catania auf Sizilien. Auskunft gibt Virtu Ferries, Xatt-il-Ghassara tal-Gheneb, Virtu Passenger Terminal, Tel. 22 06 90 22, www.virtuferries.com.

Auskunft

In Deutschland: Schillerstr. 30–40, 60311 Frankfurt/Main, Tel. 069 2 47 50 31 30, info@visitmalta.com
In Österreich: Opernring 1/R/547, 1010 Wien, Tel. 01585/37 70, wien@visitmalta.com
In der Schweiz: Postfach 2131, 80609 Zürich-Flughafen, Tel. 079 3 09 38 92, switzerland@visitmalta.com
Auf Malta: 28 Melita Street, Valletta, Tel. 21 22 01 93
www.visitmalta.com/de

Autofahren

Auf Malta herrscht **Linksverkehr.** Vorfahrt hat dennoch, wer von rechts kommt. Wenn nicht anders ausgeschildert, genießen Fahrzeuge im Kreisverkehr das Vorfahrtsrecht. Innerstädtisch beträgt die **zulässige Höchstgeschwindigkeit** 50 km/h, außerorts 80 km/h. Die Haupt- und zunehmend auch Nebenstraßen sind gut ausgebaut, Schlaglochpisten finden sich dennoch immer wieder. **Mietwagen** sind ausgesprochen günstig. Zur Anmietung genügt der nationale Führerschein.

Botschaften/Konsulate

Botschaft Deutschland: Whitehall Mansions, Ta ,Xbiex Seafront, Ta ,Xbiex, Tel. 22 60 40 00, www.valletta.diplo.de
Honorargeneralkonsulat von Österreich: Villa Seminia 8, Sir Temi Zammit Avenue, Ta' Xbiex, www.bmeia.gv.at, Tel. 21 22 15 97
Generalkonsulat der Schweiz: 6 Zachary Street, Valletta, Tel. 21 24 41 59, www.eda.admin.ch

Busse und Fähren

Maltas **Linienbusnetz** ist ausgezeichnet. Vom Busbahnhof Vallettas aus steuern Busse alle Orte der Insel an; von Victoria aus wird die Nachbarinsel Gozo erschlossen. An Wochenenden verkehren Nachtbusse zwischen dem Nightlife-Zentrum Paceville und den meisten Inselorten. Die Fahrpreise sind niedrig, es gibt Tages- und Mehrtagestickets.
Autofähren verbinden Malta und Gozo rund um die Uhr. Die Überfahrt dauert etwa 25 Minuten. Ein Ticket muss erst für die Rückfahrt von Gozo nach Malta gelöst werden (Gozo Channel Ltd., Tel. 22 10 90 00, www.gozochannel.com).

Personenfähren verkehren tagsüber von Mgarr auf Gozo und diversen Anlegern an der Nordküste Maltas zur Hotelinsel Comino. Ebenfalls nur tagsüber in Betrieb sind die **Personenfähren** von Sliema nach Valletta und von Valletta nach Senglea und Vittoriosa. Zwischen beiden Anlegern Vallettas verkehrt ein roter Minibus.

Eintrittspreise und Ermässigungen

Die **Eintrittspreise** zu den meisten archäologischen Stätten Maltas liegen für Erwachsene zwischen 4 und 10 €. Oft wird Senioren ab 60 J. und Studenten ein Nachlass von etwa 25 % und Kindern von 50 % gewährt.
Der 30 Tage gültige **Heritage Malta Multisite Pass** gewährt freien Eintritt zum National Aquarium sowie zu den archäologischen Stätten und Museen, die von Heritage Malta verwaltet werden (u. a. alle neolithischen Tempel, St.-Paul's-Katakomben und Großmeisterpalast). Er kann online bestellt werden (www.heritagemalta.org, Erw. 50 €, Studenten und Senioren ab 60 J. 38 €, Kinder 25 €).

Essen und Trinken

Restaurants: In Malta kann man leicht kulinarische Weltreisen unternehmen. Besonders

Jedes noch so kleine Dorf auf Malta feiert seine eigene Festa, die wie hier im Bild in Zurrieq oft von einer großen Prozession begleitet wird.

zahlreich sind italienische Restaurants und Pizzerien, häufig vertreten sind auch chinesische, indische, japanische und griechische Lokale, Döner-Buden und Gaststätten mit britischen Gerichten. Warme Küche gibt es meist 12.00 bis 14.00 und 18.00–22.00 Uhr. Ein **Trinkgeld** von ca. 10 % des Rechnungsbetrages wird erwartet. Die Empfehlungen in diesem Band benutzen unten stehende Preiskategorien.
Maltesische Küche wird erst seit wenigen Jahren wieder geschätzt. Inzwischen bietet fast jedes Lokal auf seiner Karte auch einige landestypische Gerichte an; auch sind inzwischen wieder maltesische Spezialitätenrestaurants auf der Insel vertreten.
Besonders beliebt sind **Kaninchengerichte** und die mit Hackfleisch gefüllte Roulade **Bragioli.** Fisch wird reichlich angeboten und ist relativ preiswert. Als „Nationalfisch" gilt der makrelenähnliche Lampuki, der in vielerlei Varianten auf die Teller kommt. Ausgezeichnet sind die Oktopus-Gerichte. Auch als Hauptgericht geeignet sind die Gemüsesuppe **Minestra,** die meist mit Frischkäse gefüllten Teigtaschen **(Ravioli)** und **Timpana,** ein Auflauf aus Makkaroni, Hackfleisch und Bechamel-Soße. Typisch für maltesische **Salate** ist die Beigabe von Kapern. Ein Gedicht sind die maltesischen **Kuchen** und Torten in allen Farben und Geschmacksrichtungen. Für den Hunger zwischendurch findet man in Cafés und Bäckereien **Pastizzi,** mit Frischkäse, Fleisch, Fisch oder Gemüse gefüllte Blätterteigrollen.
Wasser gehört zu jeder Mahlzeit. **Leitungswasser** ist auf Malta nicht trinkbar! Maltesische Brauereien produzieren verschiedene Biere, **Weine** stammen aus Malta und Gozo oder häufiger noch vor allem aus Italien. Ein einzigartiger Softdrink ist **Kinnie** (auch als Light-Version erhältlich). In den letzten Jahren stark zugenommen hat die Produktion von **Likören,** darunter auch aus Kaktusfeigen.

Preiskategorien

€€€€	Hauptspeisen	über 25 €
€€€	Hauptspeisen	20–25 €
€€	Hauptspeisen	12–20 €
€	Hauptspeisen	unter 12 €

Feiertage und Feste

Jedes Dorf und jeder Pfarrbezirk hat seine eigene, lokale Festa. Auf die Termine weist der Veranstaltungskalender des Fremdenverkehrsamtes hin, der in den örtlichen Büros der Malta Tourist Authority kostenlos erhältlich ist.
Landesweite gesetzliche Feiertage: Neujahr (1. Jan.), Feast of St. Paul's Shipwreck (10. Feb.), St. Joseph's Day (19. März), Freedom Day (31. März), Karfreitag, Feast of St. Joseph the Worker (1. Mai), Sette Giugn (7. Juni), St. Peter and Paul (29. Juni), Mariä Himmelfahrt (15. Aug.), Our Lady of Victories (8. Sept.), Independence Day (21. Sept.), Mariä Empfängnis (8. Dez.), Tag der Republik (13. Dez.), Weihnachten (25. Dez.)

Geld

Landeswährung ist der Euro. Die Münzen zeigen das Malteserkreuz, das maltesische Staatswappen oder einen Altar aus dem Tempel von Mnajdra. **Geldautomaten** sind zahlreich.

Mit **Kreditkarte** kann man auch in vielen kleineren Geschäften und selbst kleinste Beträge problemlos bezahlen.

Gesundheit

Die medizinische Versorgung ist gut. In allen größeren Orten gibt es ein staatliches Health Centre, in dem die Behandlung für Inhaber der **Europäischen Krankenversicherungskarte (EHIC)** gesetzlicher Krankenkassen für Deutsche und Österreicher kostenlos erfolgt. Nur Material muss bezahlt werden. Niedergelassene Ärzte und Apotheken erwarten **Barzahlung.** Der Abschluss einer privaten Auslandskrankenversicherung ist sehr ratsam.
Das beste **Krankenhaus** ist das staatliche Mater Dei Hospital in Msida, auf Gozo kümmert sich das General Hospital in Victoria um leichtere Fälle.

Internet und Wlan

Kostenlos ins Netz kommt man auch im Flughafen-Terminal sowie in einer zunehmenden Zahl von Cafés und Restaurants. Internet-Cafés gibt es nicht mehr.

Kinder

Hotels und Restaurants sind bestens auf Familien eingestellt. Es gibt viele große Spielplätze und auch einige besondere Attraktionen für die Kleinen wie das **National Aquarium** (S. 94), ein **Delfinarium** (Bahar Ic-Caghaq, www.marineparkmalta.com, tgl. 10.00–17.00 Uhr), das **Spielzeugmuseum** in Valletta (S. 42) und einen Werksverkauf für **Playmobil** (S. 59).

Info

Daten & Fakten

Lage: Malta liegt zentral im Mittelmeer, 95 km von Sizilien, 290 km von Tunesien und je etwa 1800 km von Gibraltar und Israel entfernt.
Naturraum: Die Republik Malta besteht aus den beiden ständig bewohnten Inseln Malta (246 km²) und Gozo (67 km²) sowie der Hotelinsel Comino und einigen weiteren, winzigen Felsinselchen.
Die Insel Malta ist 27 km lang und 15 km breit. Die höchste Erhebung misst 253 m (Ta' Dmejrek, Dingli Cliffs). Gozo ist maximal 14 km lang und bis zu 7 km breit. Die das Inselinnere prägenden flachen Tafelberge erreichen Höhen bis zu 176 m.
Bevölkerung: In Malta leben etwa 422 000 Menschen (Stand 2017), davon etwa 31 000 auf Gozo. Mit einer Bevölkerungsdichte von über 1300 Menschen pro Quadratkilometer ist Malta der am dichtesten besiedelte Staat Europas. 94 % der maltesischen Bevölkerung leben in Städten. 97 % der Malteser und Gozitaner sind römisch-katholisch, Gozo ist ein eigenständiges Bistum. Landessprache ist Maltesisch. Die meisten Malteser sprechen gut Englisch und häufig auch Italienisch.
Wirtschaft: Die Banken- und Euro-Krise hat Malta im Vergleich zu den anderen EU-Mittelmeerländern relativ gut überstanden. Wichtigster Wirtschaftszweig ist der Tourismus; 2017 besuchten etwa 2,3 Mio. Ausländer den Inselstaat. Von großer Bedeutung sind auch die Bauwirtschaft und Produktionsstätten ausländischer Unternehmen wie etwa Playmobil. Außerdem haben zahlreiche Internet-Wettanbieter auf Malta ihren Sitz. Die Landwirtschaft trägt nur noch mit knapp 2 % zum Bruttoinlandsprodukt bei. Die landwirtschaftlich nutzbare Fläche beträgt rund 13 000 ha.

Ob im Kajak an der Küste Gozos, mit dem Motorboot in der Golden Bay oder sonnenbadend am Strand gegenüber von Valletta – viele Urlaubsaktivitäten in Malta spielen sich am und auf dem Meer ab.

Literaturempfehlungen

Nicholas Montsarrat: Der Kaplan von Malta. Rowohlt, Reinbek, 1977. Der Autor schildert spannend das Leben auf Malta und Gozo während des Zweiten Weltkriegs. In Deutschland nur antiquarisch erhältlich, auf Malta noch druckfrisch in Buchhandlungen und Hotels.
Tim Willock: Das Sakrament. Rütten & Loening, Berlin, 2006. Der Bestseller ist voller Action, nimmt es mit der Geschichte aber nicht so ganz genau. Der Wälzer spielt überwiegend während der osmanischen Belagerung Maltas 1565.
Jürgen Sarnowsky: Die Johanniter. C. H. Beck, München, 2011. Das Werk zeichnet kurz und bündig die Geschichte des Ordens nach.
Ernle Bradford: Johanniter und Malteser. Universitas, München, 1996. Das nur noch antiquarisch erhältliche Buch ist dank der erzählerischen Kraft des Autors der Klassiker unter der Literatur über den Orden.
Der **Baedeker** Malta (2018) und das **DuMont-Reisetaschenbuch** Malta (2016) sind ideale Reisebegleiter für alle, die noch mehr Details über Malta erfahren möchten.

Notruf

Notruf, Notarzt, Feuerwehr: Tel. 112
Polizei: Tel. 21 22 40 01
ADAC-Notrufzentrale München:
Tel. +49 89 22 22 22

Info

Geschichte

5200–2500 v. Chr.: Neolithikum (Jungsteinzeit). Nach der Besiedlung durch Ackerbauern aus Sizilien bildet sich um 3600 eine Megalithkultur heraus, deren hervorragende Monumente Großsteintempel und die unterirdische Begräbnisstätte des Hypogäums sind.
2000–1000 v. Chr. Bronzezeit: Nach 500 Jahren, aus denen keinerlei Siedlungsspuren nachzuweisen sind, wandern aus Kampanien neue Siedler ein, die bereits die Technik der Bronzeherstellung beherrschen.
1000–218 v. Chr.: Phönizische Kaufleute aus dem nördlichen Palästina unterhalten Handelsniederlassungen auf Malta.
218 v. Chr.–395 n. Chr.: Während des Zweiten Punischen Kriegs gegen das phönizische Karthago besetzen die Römer die Inseln. Im Jahr 59 erleidet der Apostel Paulus der Legende nach Schiffbruch auf Malta und tauft die ersten Christen.
395–1070: Nach der Teilung des Römischen Reichs beherrschen ab 455 erst die Vandalen und dann die Ostgoten Malta, bevor 533 das vom heutigen Istanbul aus regierte Oströmisch-byzantinische Reich das Zepter übernimmt. Ab 870 lösen die Araber Byzanz ab.
1070–1530: Nachdem die Normannen von Sizilien her die Inseln erobert haben, wird Malta wieder christlich. Nach dem Tod des letzten normannischen Herrschers 1194 wechseln die Inseln mehrmals ihre Herren, darunter Staufer, Anjou und Spanien.
1530–1798: Der spanische Kaiser Karl V. gibt die Inseln als Lehen an den 1522 aus Rhodos vertriebenen Johanniterorden. 1565 belagern die Osmanen erfolglos Malta (Große Belagerung/Grand Siège), gleich danach wird die heutige Hauptstadt Valletta gegründet. Napoleon vertreibt die Ritter 1798 von Malta.
1800–1964: Britische Herrschaft. Britische Truppen unter Führung Lord Nelsons besetzen die Inseln. Nach der Niederlage Napoleons bei Waterloo wird Malta 1814 britische Kronkolonie. Der Grand Harbour wird größter britischer Flottenstützpunkt im Mittelmeer.
1940–1942: Deutsche und italienische Flugzeuge bombardieren die Insel fast täglich, eine Seeblockade bringt die Bevölkerung dem Hungertod nahe.
1955: Bei einer Volksabstimmung entscheiden sich 74 % der Bevölkerung für einen Anschluss Maltas an Großbritannien. London lehnt jedoch ab.
1964: Malta wird unabhängig. Erster Ministerpräsident wird der Konservative George Borg Olivier.
1971: Regierungsübernahme durch die Sozialisten unter Dom Mintoff, der Malta fortan von der einseitigen Abhängigkeit vom Westen befreien will. Er regiert bis 1984.
1974: Malta erklärt sich zur Republik und zu einem blockfreien Staat.
1979: Die letzten britischen Soldaten verlassen die Insel.
2004: Malta wird nach einem Volksentscheid Mitglied der EU.
2008: Der Euro ersetzt die maltesische Lira als Landeswährung.
2011: Ein neues Gesetz erlaubt erstmals Ehescheidungen auf Malta.
2013: Der Sozialist Joseph Muscat wird Ministerpräsident.
2014: Die Sozialistin Marie-Louise Coleiro Preca wird Staatspräsidentin.
2015: Maltas neues Parlamentsgebäude wird fertig und ein Unterwasserkabel transportiert erstmals Strom aus Sizilien auf die Insel.
2017: Im ersten Halbjahr übernimmt Malta die EU-Ratspräsidentschaft. Im Oktober wird die investigative und für viele unbequeme Journalistin Daphne Caruana Galizia durch eine Autobombe getötet.
2018: Valletta ist mit Leeuwarden in den Niederlanden Europäische Kulturhauptstadt.

Info

Reisedaten

Mietwagen: ab 25 €/Tag
1 l Benzin (95 Oktan): ca. 1,30 €
Hafenrundfahrt: 16 €
Kinokarte: 7 €
Espresso: 1,20–1,50 €
Währung: Malta gehört zur Eurozone.
Reisepapiere: EU-Bürger freie Einreise, auch Schweizer benötigen kein Visum.

Reisezeit

Malta ist ein Ganzjahresziel, fast alle Hotels (außer auf Comino) und Restaurants sind ganzjährig geöffnet. Schnee fällt fast nie. Die Badesaison reicht von Mai bis Oktober, für Wagemutige auch länger.

Schiffsausflüge

Schiffsausflüge werden im Sommerhalbjahr in großer Zahl angeboten. Der Klassiker sind die das ganze Jahr über stattfindenden Rundfahrten von Sliema in den Grand Harbour. Ebenfalls in Sliema starten ganztägige Fahrten rund um Malta mit Badestopp in der Blauen Lagune von Comino, die auch Ausflugsboote von St. Pauls Bay aus ansteuern. Von der Valletta Water Front kann man Tagesausflüge mit dem Katamaran von Virtu Ferries nach Sizilien unternehmen. Wer es gern romantisch hat, mietet sich in Vittoriosa oder Valletta ein traditionelles Boot, eine Dghajsa, für eine individuelle Rundfahrt durch den Grand Harbour (DuMont Aktiv S. 43). Preiswerter ist die Linienfähre von Sliema nach Valletta bzw. von Valletta nach Vittoriosa (Infos: www.captainmorgan.com.mt).

Sport und Strände

Baden: Für einen reinen Badeurlaub gibt es bessere Ziele als Malta. Maltas Strände konzentrieren sich auf den Nordteil der Insel, im Süden sind nur vereinzelt kleinere Sandstrände zu finden. Auf Gozo gibt es sogar nur einen nennenswerten Strand, den Ramla Beach. Der einzige völlig unverbaute Strand auf Malta findet sich an der nur zu Fuß zu erreichenden Ghajn Tuffieha Bay (S. 79). Landschaftlich besonders reizvoll ist der kleine, im Sommer häufig völlig überlaufene Strand an der Blauen Lagune auf Comino. Am touristischen Hotspot rund um Sliema, St. Julian's und an der St. Paul's Bay gibt es überhaupt keine Strände; hier badet man von Felsplatten aus oder nutzt gleich die großen Pools von Hotels und Sportclubs. Sie kosten meist Eintritt, während alle Strände frei zugänglich sind.
An den meisten Stränden werden im Sommer Sonnenschirme und Liegestühle angeboten. Im August stehen sie manchmal so dicht, dass kaum noch ein Durchkommen ist. Wassersportmöglichkeiten gibt es nur an wenigen Stränden, besonders an der Mellieha Bay und am Golden Beach.
Tauchen und Schnorcheln: Die Gewässer um Malta, Comino und Gozo gelten als bester Tauchspot des Mittelmeers. Das Wasser ist extrem sauber, die Felsküsten bieten vielerlei Fischarten Lebensraum und Nahrung, etwa 50 Tauchstationen bieten Kurse und Tauchexkursionen an (www.visitmalta.com/en/dive-centres). Wer die Tiefe scheut, kann an den Felsküsten auch gut schnorcheln.
Motorboote und Wasserski: Motorboote bis zu 90 PS können auf Malta und Gozo auch ohne Bootsführerschein gemietet werden. Das ebensowenig umweltfreundliche Jetski-Fahren hat auf Malta viele Anhänger, die Maschinen werden auch vermietet. Motorboote ziehen an einigen wenigen Stränden auch Wasserskifahrer und Parasailer (www.malta.com/en/attraction/leisure-activities).
Windsurfen: Der Hotspot für Windsurfer ist die Mellieha Bay. Verleihstationen und Surfschulen gibt es im Sommer auch am Golden Beach, in St. Julian's und Qawra (www.malta.com/en/attraction/leisure-activities/windsurfing).
Wer sein eigenes Equipment mitbringt, hat dank der geringen Entfernungen auf Malta den Vorteil, das Revier je nach Wind täglich neu zu wählen. Die vorherrschenden Windrichtungen wechseln zwischen Nordwest und Nordost.
Golf: Der einzige Golfplatz des Landes (5054 m, Par 68, www.royalmaltagolfclub.com) liegt bei Marsa am inneren Ende des Grand Harbour.
Radfahren: Malta ist keine fahrradfreundliche Insel. Fahrradwege gibt es nicht, der Verkehr ist dicht, Autofahrer sind keine Radfahrer gewohnt. Wer trotzdem Rad fahren will, findet Verleihunternehmen für Tourenräder und für Mountainbikes am Flughafen (Hertz), in Sliema, an der St. Paul's Bay sowie in Victoria auf Gozo.
Reiten: Auf Malta gibt es zwei Reitställe, die Unterricht und geführte Ausritte anbieten, am Golden Beach im Norden (www.goldenbayhorseriding.com) sowie an der Straße von Mosta zur St. Paul's Bay (http://www.bidnijahorseriding.com).
Rock Climbing und Abseiling: Auf Malta und Gozo gibt es insgesamt über 1300 Kletterrouten (Infos und Anbieter www.climbmalta.com).
Wandern: Zu Wanderungen gibt es auf Malta und Gozo reichlich Gelegenheit. Das Fremdenverkehrsamt Malta hat mehrere kostenlos erhältliche Broschüren publiziert, in denen eine Reihe von Wanderungen ausführlich auch auf Deutsch beschrieben wird. Auf Englisch gibt es in Buchhandlungen vor Ort auch Wanderreiseführer für Malta und Gozo. Auf Malta selbst kann man geführte Wanderungen bei der auf Malta ansässigen Deutschen Annette Meier und ihrer niederländischen Partnerin Siona buchen (Tel. 99 42 15 93, www.wandernaufmalta.com). Beste Zeit für Wanderungen sind die Monate April und Mai. Zwischen Juni und Mitte September sollte man Wanderungen wegen der Hitze und des wenigen Schattens besser vermeiden.

Sprache

Das **Maltesische** ist eine semitische Sprache, klingt wie Arabisch, aber wird mit lateinischen Buchstaben und einigen Sonderzeichen geschrieben (siehe Special S. 51). **Englisch** wird

Über den Dächern von Valletta: Sundowner unweit vom Großmeisterpalast

Preiskategorien

€€€€	Doppelzimmer	über 150 €
€€€	Doppelzimmer	100–150 €
€€	Doppelzimmer	60–100 €
€	Doppelzimmer	unter 60 €

Preise in Hotels mit, in Apartments ohne Frühstück für die Zwischensaison (Juni)

von vielen Maltesern gut gesprochen und ist auch zweite Amtssprache. **Deutsch** wird kaum gesprochen.

Telefon

Maltesische **Telefonnummern** sind normalerweise achtstellig, eine Ortsvorwahl gibt es nicht. Das **Mobilfunknetz** ist sehr gut ausgebaut, öffentliche **Kartentelefone** gibt es nur noch selten. Prepaid-SIM-Karten mit maltesischer Telefonnummer sind in den vielen Telekommunikationsläden minutenschnell zu erwerben, auch in der Ankunftshalle des Flughafens.
Vorwahl für Malta ist 00356, für Deutschland 0049, für Österreich 0043, für die Schweiz 0041.

Unterkunft

Hotels und Apartmenthäuser aller Kategorien gibt es – zumeist in den Küstenorten – in großer Zahl. Auch direkt in Valletta kann man gut wohnen. Sehr dünn ist das Angebot in Marsaskala, an der Süd- und der Westküste. Badehotels findet man vor allem im Norden Maltas. Für Sprachschüler gibt es auch Home-Stay-Programme. Auf Gozo werden auch zahlreiche alte Farm- und Stadthäuser vermietet, sogenannte Razzetts (siehe DuMont Thema S. 107). Die Preise schwanken stark. Um den 15. August sind sie exorbitant hoch, weil dann viele Italiener auf die Insel kommen. Im Winterhalbjahr findet man häufig echte Schnäppchen. Unterkunftsempfehlungen sind nach den links stehenden Preiskategorien eingeteilt.
Camping: Der einzige Zeltplatz des Landes befindet sich auf Malta (www.maltacampsite.com).
Jugendherbergen: Sehr einfache Jugendherbergen gibt es in Buggiba und Sliema sowie auf Gozo in Ghajnsielem.

Zeit

In Malta gilt die Mitteleuropäische Zeit, eine Uhrenumstellung ist also nicht notwendig. Der Wechsel zwischen Sommer- und Winterzeit erfolgt gleichzeitig mit dem in Mitteleuropa.

Info

Wetterdaten

Valletta	TAGES-TEMP. MAX.	TAGES-TEMP. MIN.	WASSER-TEMP.	TAGE MIT NIEDER-SCHLAG	SONNEN-STUNDEN PRO TAG
Januar	15°	10°	15°	14	5
Februar	16°	10°	14°	11	6
März	17°	11°	15°	9	7
April	19°	13°	15°	6	8
Mai	23°	16°	18°	3	10
Juni	28°	19°	21°	1	11
Juli	31°	22°	24°	0	12
August	31°	23°	25°	1	11
September	28°	22°	24°	4	9
Oktober	24°	19°	22°	10	7
November	20°	16°	19°	11	6
Dezember	17°	12°	17°	14	5

In den schmalen Gassen von Mdina ertönt das Klappern der Pferdekutschen.

Register

Fette Ziffern verweisen auf Abbildungen

Impressum

3. Auflage 2018

Verlag: DuMont Reiseverlag, Postfach 3151, 73751 Ostfildern, Tel. 0711/45 02-0, Fax 0711/45 02-135, www.dumontreise.de
Geschäftsführer: Dr. Thomas Brinkmann, Dr. Stephanie Mair-Huydts
Programmleitung: Birgit Borowski
Redaktion: Achim Bourmer (Berlin)
Text: Klaus Bötig
Exklusiv-Fotografie: Tom Schulze
Titelbild: laif/hemis.fr/Lionel Montico
Zusätzliches Bildmaterial: S. 5 u. laif/hemis.fr/Philippe Renault, S. 14/15 laif/Loop Images/Slawek Staszczuk , S. 20 l. mauritius images/Alamy/Rawdon Wyatt, r. o. Shutterstock/Nearbirds, r. u. mauritius images/Alamy/Alex Ramsay, S. 21 o. mauritius images/Alamy/Alex Ramsay, M. DuMont Bildarchiv/Markus Kirchgessner, u. mauritius images/Alamy/Melvyn Longhurst, S. 41 r., S. 42 M. und r. u. DuMont Bildarchiv/Markus Kirchgessner, S. 43 o. laif/hemis.fr/Philippe Renault, S. 57 r. u. DuMont Bildarchiv/Markus Kirchgessner, S. 59 o. Getty Images/Bluemoon Stock, S. 69 DuMont Bildarchiv/Markus Kirchgessner, S. 74 mauritius images/United Archives, S. 77 r. mauritius images/age/Luis Davilla, S. 78 r. u. DuMont Bildarchiv/Markus Kirchgessner, S. 90 l. laif/hemis.fr/Bertrand Gardel, r. o. mauritius images/Alamy/parkerphotography, r. u. picture-alliance/ZB/Thomas Schulze, S. 91 o. laif/Nicke Hannes, l. u. huber-images/Lubenow, r. M. picture-alliance/ZB/Thomas Schulze, r. u. Shutterstock/Nearbirds, S. 93 r. DuMont Bildarchiv/Markus Kirchgessner, S. 95 o. iStockphoto/wip-studiolublin, S. 113 o. Getty Images/Christian Carroll, S. 114 l. o. Quaint Hotel Gozo, l. u. mauritius images/Alamy/NielsVK, r. und S. 115 o. DuMont Bildarchiv/Markus Kirchgessner, u. l. Ursulino Valletta, u. r. San Antonio Guesthouse
Grafische Konzeption, Art Direktion: fpm factor product münchen
Cover Gestaltung: Neue Gestaltung, Berlin
Layout: Stefanie Hugel, fpm factor product münchen
Kartografie: © MAIRDUMONT GmbH & Co. KG, Ostfildern
Kartografie Lawall (Karten für „Unsere Favoriten")
DuMont Bildarchiv: Marco-Polo-Straße 1, 73760 Ostfildern, Tel. 0711/45 02-266, Fax 0711/4502-1006, bildarchiv@mairdumont.com

Anzeigenvermarktung: MAIRDUMONT MEDIA, Tel. 0711/450 20, Fax 0711 45 02 10 12, media@mairdumont.com, http://media.mairdumont.com
Vertrieb Zeitschriftenhandel: PARTNER Medienservices GmbH, Postfach 810420, 70521 Stuttgart, Tel. 0711/72 52-212, Fax 0711 72 52-320
Vertrieb Abonnement: Leserservice DuMont Bildatlas, Zenit Pressevertrieb GmbH, Postfach 810640, 70523 Stuttgart, Tel. 0711/7252-265, Fax 0711/7252-333, dumontreise@zenit-presse.de
Vertrieb Buchhandel und Einzelhefte: MAIRDUMONT GmbH & Co. KG, Marco-Polo-Straße 1, 73760 Ostfildern, Tel. 0711/45 02 0, Fax 0711/45 02 340
Reproduktionen: PPP Pre Print Partner GmbH & Co. KG, Köln
Druck und buchbinderische Verarbeitung: NEEF + STUMME premium printing GmbH & Co. KG, Wittingen, Printed in Germany

FSC www.fsc.org MIX Papier aus verantwortungsvollen Quellen FSC® C001857

Nicht nur wegen der tollen Lage am Meer und des imposanten Opernhauses: Sydney ist eine der schönsten Städte der Welt.

Eine von Berlins Vorzeigeansichten, der Blick auf Bode-Museum und Fernsehturm im Hintergrund.

Australien
Osten · Sydney

Faszination Down Under
An der Ostküste zeigt sich Australien in seiner ganzen Vielfalt: die Skala reicht vom tropischen Norden, über einsame Sandstrände bis zu den Weiten des Outback – ja, und dann ist da noch die Millionenmetropole Sydney.

Kleine Inselparadiese
Rund 700 Eilande ragen aus dem Great Barrier Reef auf, nur zwei Dutzend sind touristisch erschlossen, und die zehn schönsten Inselresorts stellen wir vor.

Wanderglück ist garantiert
Die beste Art sich dem Uluru, dem Ayers Rock, zu nähern, ist zu Fuß, folgen Sie unseren Wandervorschlägen!

Berlin

Große Kunst
Erwartet Sie in den Berliner Museen, nicht nur in jenen fünf, die auf der Museumsinsel liegen und von der UNESCO zum Welterbe gekürt wurden.

Die Hauptstadt anders erleben
Wie wäre es mit einer Rikscha-Tour durch das historische Berlin, mit einer Rundfahrt im Trabi oder mit einer Führung durch die Unterwelt?

Das hippe Berlin
Prenzlauer Berg, Kreuzberg, Friedrichshain und Neukölln, hier trifft sich heute die Szene! Wir verraten Ihnen, welche Clubs und Bars gerade angesagt sind.

www.dumontreise.de

Lieferbare Ausgaben

DEUTSCHLAND
119 Allgäu
092 Altmühltal
105 Bayerischer Wald
180 Berlin
162 Bodensee
175 Chiemgau, Berchtesgadener Land
013 Dresden, Sächsische Schweiz
152 Eifel, Aachen
157 Elbe und Weser, Bremen
168 Franken
020 Frankfurt, Rhein-Main
112 Freiburg, Basel, Colmar
028 Hamburg
026 Hannover zwischen Harz und Heide
042 Harz
023 Leipzig, Halle, Magdeburg
131 Lüneburger Heide, Wendland
188 Mecklenburgische Seen
038 Mecklenburg-Vorpommern
033 Mosel
190 München
047 Münsterland
015 Nordseeküste Schleswig-Holstein
006 Oberbayern
161 Odenwald, Heidelberg
035 Osnabrücker Land, Emsland
002 Ostfriesland, Oldenburger Land
164 Ostseeküste Mecklenburg-Vorpommern
154 Ostseeküste Schleswig-Holstein
201 Pfalz
040 Rhein zw. Köln und Mainz
185 Rhön
186 Rügen, Usedom, Hiddensee
137 Ruhrgebiet
149 Saarland
182 Sachsen
081 Sachsen-Anhalt
117 Sauerland, Siegerland
159 Schwarzwald Norden
045 Schwarzwald Süden
018 Spreewald, Lausitz
008 Stuttgart, Schwäbische Alb
141 Sylt, Amrum, Föhr
204 Teutoburger Wald
170 Thüringen
037 Weserbergland
173 Wiesbaden, Rheingau

BENELUX
156 Amsterdam
011 Flandern, Brüssel
179 Niederlande

FRANKREICH
177 Bretagne
021 Côte d'Azur
032 Elsass
009 Frankreich Süden Okzitanien
019 Korsika
071 Normandie
001 Paris
198 Provence

GROSSBRITANNIEN/IRLAND
187 Irland
202 London
189 Schottland
030 Südengland

ITALIEN/MALTA/KROATIEN
181 Apulien, Kalabrien
017 Gardasee, Trentino
110 Golf von Neapel, Kampanien
163 Istrien, Kvarner Bucht
128 Italien, Norden
005 Kroatische Adriaküste
167 Malta
155 Oberitalienische Seen
158 Piemont, Turin
014 Rom
165 Sardinien
003 Sizilien
203 Südtirol
039 Toskana
091 Venedig, Venetien

GRIECHENLAND/ ZYPERN/TÜRKEI
034 Istanbul
016 Kreta
176 Türkische Südküste, Antalya
148 Zypern

MITTEL- UND OSTEUROPA
104 Baltikum
094 Danzig, Ostsee, Masuren
169 Krakau, Breslau, Polen Süden
044 Prag
193 St. Petersburg

ÖSTERREICH/SCHWEIZ
192 Kärnten
004 Salzburger Land
196 Schweiz
144 Tirol
197 Wien

SPANIEN/PORTUGAL
043 Algarve
093 Andalusien
150 Barcelona
025 Gran Canaria, Fuerteventura, Lanzarote
172 Kanarische Inseln
199 Lissabon
124 Madeira
174 Mallorca
007 Spanien Norden, Jakobsweg
118 Teneriffa, La Palma, La Gomera , El Hierro

SKANDINAVIEN/NORDEUROPA
166 Dänemark
153 Hurtigruten
029 Island
200 Norwegen Norden
178 Norwegen Süden
151 Schweden Süden, Stockholm

LÄNDERÜBERGREIFENDE BÄNDE
123 Donau – Von der Quelle bis zur Mündung
112 Freiburg, Basel, Colmar

AUSSEREUROPÄISCHE ZIELE
183 Australien Osten, Sydney
109 Australien Süden, Westen
195 Costa Rica
024 Dubai, Abu Dhabi, VAE
160 Florida
036 Indien
027 Israel, Palästina
111 Kalifornien
031 Kanada Osten
191 Kanada Westen
171 Kuba
022 Namibia
194 Neuseeland
041 New York
184 Sri Lanka
048 Südafrika
012 Thailand
046 Vietnam